Friedrich Schiller, Johann Imelmann

Die Künstler

Friedrich Schiller, Johann Imelmann

Die Künstler

ISBN/EAN: 9783743636378

Hergestellt in Europa, USA, Kanada, Australien, Japan

Cover: Foto ©Thomas Meinert / pixelio.de

Weitere Bücher finden Sie auf **www.hansebooks.com**

Die Künstler

von

Schiller.

Mit Anmerkungen

von

Dr. J. Imelmann,
Professor am Joachimsthalschen Gymnasium zu Berlin.

Berlin.
Verlag von E. H. Schroeder.
1875.

Dem Andenken

OSCAR JÄNICKES

gewidmet.

Vorwort.

Philologisch gesinnten Freunden unsrer classischen Dichtung hofft vorliegende Separat-Ausgabe der Künstler willkommen zu sein. Einem Producte von so vielseitig bedeutender, beziehungsreicher Individualität gegenüber ist der Wunsch genauesten Verständnisses natürlich und die Dienstleistung des Interpreten lohnend. Im Grossen und Ganzen zwar ist das culturphilosophische Lehrgedicht, welches Schillers erste poetische Periode so stattlich beschliesst und auf die fortan beherrschenden Probleme seines dichterischen wie systematischen Denkens so schön praeludirt, erklärender Vermittlung glücklicher Weise noch nicht bedürftig, den heutigen Leser entzückt wie vor drei Menschenaltern den zeitgenössischen, Glanz, Zartheit und Fülle der Diction, der hohe Flug, der weiche Fluss, die reiche Entfaltung des Gedankens. Im Einzelnen aber hat die Zeit und die rasch lebende Sprache nicht Weniges dem gegenwärtigen Sprachgefühl oder Vorstellungskreis ferner gerückt; Wortbedeutungen sind zurückgetreten, Formen, Fügungen, Wendungen ungeläufig geworden, allgemeine Voraussetzungen nicht minder. So entsteht das Bedürfnis und die Aufgabe, das Verlorene oder Entschwindende exegetisch wiederzugewinnen, d. h. das Gedicht an seinen historischen Ort zu stellen, seine Anknüpfungen an Früheres, Berührungen mit Gleichzeitigem nachzuweisen, Benachbartes heranzuziehen. Nur auf diesem Wege ist es auch möglich, in Sprache und Stil, poetischen Motiven und theoretischen Gedanken Individuelles von allgemeiner üblich oder doch schon vorhanden Gewesenem mit einiger Schärfe zu scheiden und — was im Kleinsten wie im Grössten wertvoll und reizvoll ist — in allen diesen Beziehungen einen Einblick zu gewinnen in Zusammenhang und Continuität. Um so angelegener hat sich der Herausgeber Nachweise dieser Art sein lassen, je weniger seine Vorgänger sich damit befasst haben und bei ihren so viel umfassenderen Aufgaben sich damit befassen konnten, je weniger überhaupt in Commentaren zu neuerer Poesie sich philologische Accuratesse wahrnehmen lässt. Hat er dabei, wie er zuzugeben nicht umhin kann, der Lust am Erklären, Vergleichen, Citiren nicht überall genug widerstanden und manche Anmerkung über ihren nächsten Anlass hinaus excursartig anschwellen lassen, sogar wirklicher Excurse sich nicht enthalten, so werden doch vielleicht auch rigorosere Leser ihn entschuldbar finden, wenn sie bedenken, dass eine Dichtung, die, wie eben die vorliegende, in jeder Richtung, in Sprache und Verstechnik nicht minder als im Gedanken selbst eine nach beiden Seiten hin lehrreiche Perspectiven eröffnende Mittelstellung in der Geschichte des Dichters einnimmt, zu weiteren Umblicken ganz natürlich auffordert. Keiner Entschuldigung sicherlich bedürfen die wiederholten Bezugnahmen auf Kant, da es vielmehr eine auffallende Unterlassung der Schiller-Commentatoren ist, dass sie an den so überaus merkwürdigen und philosophischer Seits, zumal von Robert Zimmermann, längst angedeuteten Analogien und Antecipationen Kantischer Teleologie und Aesthetik in den Künstlern ohne ein Wort vorbeigehen und so den Gesichtspunkt verfehlen, aus welchem betrachtet das Gedicht in den bedeutsamen Wendepunkt der neueren Kunstlehren rückt und ein fast widerspruchsvolles Nacheinander des Wolfischen und des Kantischen Schönheitsbegriffes in seinem Gedankengange erkennen lässt. Dies ist übrigens nicht der einzige Wert, den die Künstler in ideengeschichtlicher Hinsicht haben. Denn, wie poetisch unpositiv auch immer die Grundanschauung sei, sie sind ein anmutsvolles Glied in der Kette grossartiger Bestrebungen, für Ursprung, Gang und Ziel der menschlichen Culturbewegung eine Formel zu finden, einer Kette, die an Leibnitzens Entwickelungsidee anknüpfend, über Herder und Kant bis zu Hegel, über Vico und Condorcet bis auf Comte reicht.

Der folgende Abdruck zeigt die Dichtung, von den lateinischen Lettern und den s-Zeichen abgesehen, in ihrem ursprünglichen Schriftgewande, wie sie im teutschen Mercur von 1789 S. 283—302 erschien und auch in der historisch-kritischen Ausgabe VI 264—279 zu lesen ist; nur dass hier durch ein bedauernswertes Versehen Vers 372—373 ausgelassen sind. Es ist unmöglich, diese ausgezeichnete, des Dichters würdige Ausgabe, (auf welche sich selbstverständlich die Citate aus Schiller beziehen,) zu nennen, ohne für die ungemeinen Erleichterungen, welche sie Schillerstudien gewährt, gebührend zu danken. Die Varianten sind die Lesarten der Ausgabe von 1803.

Berlin, Januar 1875.

D. H.

Wie schön, o Mensch, mit deinem Palmenzweige
stehst du an des Jahrhunderts Neige,
in edler stolzer Männlichkeit,
mit aufgeschlossnem Sinn, mit Geistesfülle,
voll milden Ernsts, in thatenreicher Stille, 5
der reifste Sohn der Zeit,
frey durch Vernunft, stark durch Gesetze,
durch Sanftmuth gross, und reich durch Schätze
die lange Zeit dein Busen dir verschwieg,
Herr der Natur, die deine Fesseln liebet, 10
die deine Kraft in tausend Künsten übet,
und prangend unter dir aus der Verwildrung stieg!

Berauscht von dem errungnen Sieg,
verlerne nicht die Hand zu preisen,
die an des Lebens ödem Strand 15
den weinenden verlassnen Waisen
des wilden Zufalls Beute fand,
die frühe schon der künftgen Geisterwürde
dein junges Herz im Stillen zugekehrt,
und die befleckende Begierde 20
von deinem zarten Busen abgewehrt,
die Gütige, die deine Jugend
in hohen Pflichten spielend unterwiess,
und das Geheimniss der erhabnen Tugend

25 in leichten Räthseln dich errathen liess,
die, reifer nur ihn wieder zu empfangen,
in fremde Arme ihren Liebling gab,
o falle nicht mit ausgeartetem Verlangen
zu ihren niedern Dienerinnen ab!
30 Im Fleiss kann dich die Biene meistern,
in der Geschicklichkeit ein Wurm dein Lehrer sein,
dein Wissen theilest du mit vorgezognen Geistern,
die Kunst, o Mensch, hast du allein.

Nur durch das Morgenthor des Schönen
35 drangst du in der Erkenntniss Land.
An höhern Glanz sich zu gewöhnen,
übt sich am Reitze der Verstand.
Was bey dem Saitenklang der Musen
mit süssem Beben dich durchdrang,
40 erzog die Kraft in deinem Busen,
die sich dereinst zum Weltgeist schwang.

Was erst, nachdem Jahrtausende verflossen,
die älternde Vernunft erfand,
lag im Symbol des Schönen und des Grossen
45 voraus geoffenbart dem kindischen Verstand.
Ihr holdes Bild hiess uns die Tugend lieben,
ein zarter Sinn hat vor dem Laster sich gesträubt,
eh noch ein Solon das Gesetz geschrieben,
das matte Blüthen langsam treibt.
50 Eh vor des Denkers Geist der kühne
Begriff des ew'gen Raumes stand,

38 Seitenklang. **43** alternde.

wer sah hinauf zur Sternenbühne,
der ihn nicht ahndend schon empfand?

Die, eine Glorie von Orionen
um's Angesicht, in hehrer Majestät, 55
nur angeschaut von reineren Dämonen,
verzehrend über Sternen geht,
geflohn auf ihrem Sonnenthrone,
die furchtbar herrliche Urania,
mit abgelegter Feuerkrone 60
steht sie — als S c h ö n h e i t vor uns da.
Der Anmuth Gürtel umgewunden,
wird sie zum Kind, dass Kinder sie verstehn:
was wir als Schönheit hier empfunden,
wird einst als W a h r h e i t uns entgegen gehn. 65

Als der Erschaffende von seinem Angesichte
den Menschen in die Sterblichkeit verwiess,
und eine späte Wiederkehr zum Lichte
auf schwerem Sinnenpfad ihn finden hiess
als alle Himmlischen ihr Antlitz von ihm wandten, 70
schloss sie, die Menschliche, allein
mit dem verlassenen Verbannten
grossmüthig in die Sterblichkeit sich ein.
Hier schwebt sie, mit gesenktem Fluge,
um ihren Liebling, nah am Sinnenland, 75
und mahlt mit lieblichem Betruge
Elysium auf seine Kerkerwand.

72 Verlassenen.

Als in den weichen Armen dieser Amme
die zarte Menschheit noch geruht,
80 da schürte heil'ge Mordsucht keine Flamme,
da rauchte kein unschuldig Blut.
Das Herz, das sie an sanften Banden lenket,
verschmäht der Pflichten knechtisches Geleit;
ihr Lichtpfad, schöner nur geschlungen, senket
85 sich in die Sonnenbahn der Sittlichkeit.
Die ihrem keuschen Dienste leben
versucht kein niedrer Trieb, bleicht kein Geschick;
wie unter heilige Gewalt gegeben
empfangen sie das reine Geisterleben,
90 der Freyheit süsses Recht, zurück.

Glückselige, die sie — aus Millionen
die reinsten — ihrem Dienst geweiht,
in deren Brust sie würdigte zu thronen,
durch deren Mund die Mächtige gebeut,
95 die sie auf ewig flammenden Altären
erkohr das heil'ge Feuer ihr zu nähren,
vor deren Aug' allein sie hüllenloss erscheint,
die sie in sanftem Bund um sich vereint!
Freut euch der ehrenvollen Stufe,
100 worauf die hohe Ordnung euch gestellt:
In die erhabne Geisterwelt
war't ihr der Menschheit erste Stufe.

Eh ihr das Gleichmaas in die Welt gebracht,
dem alle Wesen freudig dienen —
105 ein unermessner Bau, im schwarzen Flor der Nacht

nächst um ihn her mit mattem Strahle nur beschienen,
ein streitendes Gestaltenheer,
die seinen Sinn in Sklavenbanden hielten,
und ungesellig, rauh wie er,
mit tausend Kräften auf ihn zielten,
— so stand die Schöpfung vor dem Wilden.
Durch der Begierde blinde Fessel nur
an die Erscheinungen gebunden,
entfloh ihm, ungenossen, unempfunden,
die schöne Seele der Natur.

Und wie sie fliehend jetzt vorüber fuhr,
ergriffet ihr die nachbarlichen Schatten
mit zartem Sinn, mit stiller Hand,
und lerntet in harmonschem Band
gesellig sie zusammen gatten.
Leichtschwebend fühlte sich der Blick
vom schlanken Wuchs der Ceder aufgezogen;
gefällig strahlte der Krystall der Wogen
die hüpfende Gestalt zurück.
Wie konntet ihr des schönen Winks verfehlen,
womit euch die Natur hilfreich entgegen kam?
Die Kunst, den Schatten ihr nachahmend abzustehlen,
wies euch das Bild, das auf der Woge schwamm.
Von ihrem Wesen abgeschieden,
ihr eignes liebliches Phantom,
warf sie sich in den Silberstrom,
sich ihrem Räuber anzubieten.

106 Strahl beschienen.

Die schöne Bildkraft ward in eurem Busen wach.
Zu edel schon, nicht müssig zu empfangen,
₁₃₅ schuft ihr im Sand — im Thon den holden Schatten nach,
im Umriss ward sein Daseyn aufgefangen.
Lebendig regte sich des Wirkens süsse Lust —
Die erste Schöpfung trat aus eurer Brust.

Von der Betrachtung angehalten,
₁₄₀ von eurem Späheraug' umstrickt,
verriethen die vertraulichen Gestalten
den Talisman, wodurch sie euch entzückt.
Die wunderwirkenden Gesetze,
des Reitzes ausgeforschte Schätze
₁₄₅ verknüpfte der erfindende Verstand
in leichtem Bund in Werken eurer Hand.
Der Obeliske stieg, die Pyramide,
die Herme stand, die Säule sprang empor,
des Waldes Melodie floss aus dem Haberrohr,
₁₅₀ und Siegesthaten lebten in dem Liede.

Die Auswahl einer Blumenflur
mit weiser Wahl in einen Strauss gebunden,
so trat die erste Kunst aus der Natur;
jetzt wurden S t r ä u s s e schon in einen K r a n z gewunden,
₁₅₅ und eine zweyte höh're Kunst erstand
aus Schöpfungen der Menschenhand.
Das Kind der Schönheit, sich allein genug,
vollendet schon aus eurer Hand gegangen,

₁₅₄ werden.

verliert die Krone, die es trug,
sobald es Wirklichkeit empfangen. 160
Die Säule muss, dem Gleichmaas unterthan,
an ihre Schwestern nachbarlich sich schliessen,
der Held im Heldenheer zerfliessen,
des Mäoniden Harfe stimmt voran.

Bald drängten sich die staunenden Barbaren 165
zu diesen neuen Schöpfungen heran.
Seht, riefen die erfreuten Schaaren,
seht an, das hat der Mensch gethan!
In lustigen geselligeren Paaren
riss sie des Sängers Zitter nach, 170
der von Titanen sang und Riesenschlachten,
und Löwentödtern, die, so lang der Sänger sprach,
aus seinen Hörern Helden machten.
Zum erstenmal geniesst der Geist;
erquickt von ruhigeren Freuden, 175
die aus der Ferne nur ihn weiden,
die seine Gier nicht in sein Wesen reisst,
die im Genusse nicht verscheiden.

Jetzt wand sich von dem Sinnenschlafe
die freye schöne Seele los, 180
durch euch entfesselt, sprang der Sklave
der Sorge in der Freude Schoos.
Jetzt fiel der Thierheit dumpfe Schranke,
und Menschheit trat auf die entwölkte Stirn,

170 Leyer.

185 und der erhabne Fremdling, der Gedanke
sprang aus dem staunenden Gehirn.
Jetzt stand der Mensch, und wies den Sternen
das königliche Angesicht,
schon dankte in erhabnen Fernen
190 sein sprechend Aug' dem Sonnenlicht.
Das Lächeln blühte auf der Wange,
der Stimme seelenvolles Spiel
entfaltete sich zum Gesange,
im feuchten Auge schwamm Gefühl,
195 und Scherz mit Huld in anmuthsvollem Bunde
entquollen dem beseelten Munde.

Begraben in des Wurmes Triebe,
umschlungen von des Sinnes Lust,
erkanntet ihr in seiner Brust
200 den edlen Keim der Geisterliebe.
Dass von des Sinnes niederm Triebe
der Liebe bessrer Keim sich schied,
dankt er dem ersten Hirtenlied.
Geadelt zur Gedankenwürde,
205 floss die verschämtere Begierde
melodisch aus des Sängers Mund.
Sanft glühten die bethauten Wangen,
das überlebende Verlangen
verkündigte der Seelen Bund.

210 Der Weisen weisestes, der Milden Milde,
der Starken Kraft, der Edeln Grazie,

189 nach. 201 niedrem.

vermähltet ihr in Einem Bilde
und stellet es in eine Glorie.
Der Mensch erbebte vor dem Unbekannten,
er liebte seinen Wiederschein; 215
und herrliche Heroen brannten
dem grossen Wesen gleich zu seyn.
Den ersten Klang vom Urbild alles Schönen
Ihr liesset ihn in der Natur ertönen.

Der Leidenschaften wilden Drang 220
des Glückes regellose Spiele,
der Pflichten und Instinkte Zwang
stellt ihr mit prüfendem Gefühle,
mit strengem Richtscheid nach dem Ziele.
Was die Natur auf ihrem grossen Gange 225
in weiten Fernen auseinander zieht,
wird auf dem Schauplatz, im Gesange
der Ordnung leicht gefasstes Glied.
Vom Eumenidenchor geschrecket,
Zieht sich der Mord, auch nie entdecket, 230
das Loos des Todes aus dem Lied.
Lang, eh die Weisen ihren Ausspruch wagen,
lösst eine Ilias des Schicksals Räthselfragen
der jugendlichen Vorwelt auf;
still wandelte von Thespis Wagen 235
die Vorsicht in den Weltenlauf.

Doch in den grossen Weltenlauf
ward euer Ebenmaas zu früh getragen.
Als des Geschickes dunkle Hand,

240 was sie vor eurem Auge schnürte,
vor eurem Aug' nicht auseinander band,
das Leben in die Tiefe schwand,
eh es den schönen Kreis vollführte —
Da führtet ihr aus kühner Eigenmacht
245 den Bogen weiter durch der Zukunft Nacht;
da stürztet ihr euch ohne Beben
in des Avernus schwarzen Ocean,
und trafet das entflohne Leben
jenseits der Urne wieder an:
250 Da zeigte sich mit umgestürztem Lichte
an Kastor angelehnt, ein blühend Polluxbild;
der Schatten in des Mondes Angesichte,
eh sich der schöne Silberkreis erfüllt.

Doch höher stets, zu immer höhern Höhen
255 schwang sich der schaffende Genie.
Schon sieht man Schöpfungen aus Schöpfungen entstehen,
aus Harmonien Harmonie.
Was hier allein das trunkne Aug' entzückt,
dient unterwürfig dort der höhern Schöne;
260 der Reiz, der diese Nymphe schmückt,
schmilzt sanft in eine göttliche Athene:
Die Kraft, die in des Fechters Muskel schwillt,
muss in des Gottes Schönheit lieblich schweigen,
das Staunen seiner Zeit, das stolze Jovisbild
265 im Tempel zu Olympia sich neigen.

Die Welt, verwandelt durch den Fleiss,
das Menschenherz, bewegt von neuen Trieben

262 Ringers.

die sich in heissen Kämpfen üben,
erweitern euren Schöpfungskreis.
Der fortgeschrittne Mensch trägt auf erhobnen Schwingen
dankbar die Kunst mit sich empor,
und neue Schönheitswelten springen
aus der bereicherten Natur hervor.

Des Wissens Schranken gehen auf,
der Geist, in euren leichten Siegen
geübt mit schnell gezeitigtem Vergnügen
ein künstlich All von Reizen zu durcheilen,
stellt der Natur entlegenere Säulen,
ereilet sie auf ihrem dunkeln Lauf.
Jetzt wägt er sie mit menschlichen Gewichten,
misst sie mit Massen, die sie ihm geliehen;
verständlicher in seiner Schönheit Pflichten,
muss sie an seinem Aug' vorüberziehn.
In selbstgefäll'ger jugendlicher Freude
leiht er den Sphären seine Harmonie,
und preiset er das Weltgebäude,
so prangt es durch die Symmetrie.

In allem was ihn jetzt umlebet
spricht ihn das holde Gleichmaas an.
Der Schönheit goldner Gürtel webet
sich mild in seine Lebensbahn;
die selige Vollendung schwebet
in euren Werken siegend ihm voran.
Wohin die laute Freude eilet,
wohin der stille Kummer flieht,

wo die Betrachtung denkend weilet,
wo er des Elends Thränen sieht,
wo tausend Schrecken auf ihn zielen,
folgt ihm ein Harmonienbach,
300 sieht er die Huldgöttinnen spielen,
und ringt in stillverfeinerten Gefühlen
der lieblichen Begleitung nach.
Sanft, wie des Reizes Linien sich winden,
wie die Erscheinungen um ihn
305 in weichem Umriss in einander schwinden,
flieht seines Lebens leichter Hauch dahin.
Sein Geist zerrinnt im Harmonienmeere
das seine Sinne wollustreich umfliesst,
und der hinschmelzende Gedanke schliesst
310 sich still an die allgegenwärtige Cythere.
Mit dem Geschick in hoher Einigkeit,
gelassen hingestützt auf Grazien und Musen,
empfängt er das Geschoss, das ihn bedräut,
mit freundlich dargebotnem Busen,
315 vom sanften Bogen der Nothwendigkeit.

Vertraute Lieblinge der sel'gen Harmonie,
erfreuende Begleiter durch das Leben,
das Edelste, das theuerste, was sie
die Leben gab, zum Leben uns gegeben!
320 Dass der entjochte Mensch jetzt seine Pflichten d e n k t,
die Fessel liebet, die ihn lenkt,
kein Zufall mehr mit eh'rnem Zepter ihm gebeut,
diess dankt euch — eure Ewigkeit,
und ein erhabner Lohn in eurem Herzen.

Dass um den Kelch, worin uns Freyheit rinnt, 325
der Freude Götter lustig scherzen,
der holde Traum sich lieblich spinnt,
dafür seid liebevoll umfangen!

Dem prangenden, dem heitern Geist,
der die Nothwendigkeit mit Grazie umzogen, 330
der seinen Ether, seinen Sternenbogen
mit Anmuth uns bedienen heisst,
der, wo er schreckt, noch durch Erhabenheit entzücket,
und zum Verheeren selbst sich schmücket,
Dem grossen Künstler ahmt ihr nach. 335
Wie auf dem spiegelhellen Bach
die bunten Ufer tanzend schweben,
das Abendroth, das Blüthenfeld,
so schimmert auf dem dürft'gen Leben
der Dichtung muntre Schattenwelt. 340
Ihr führet uns im Brautgewande
die fürchterliche Unbekannte
die unerweichte Parze vor!
Wie eure Urnen die Gebeine,
deckt ihr mit holdem Zauberscheine 345
der Sorgen schauervollen Chor.
Jahrtausende hab' ich durcheilet,
der Vorwelt unabschlich Reich:
wie lacht die Menschheit, wo ihr weilet,
wie traurig liegt sie hinter euch! 350

Die einst mit flüchtigem Gefieder
voll Kraft aus euren Schöpferhänden stieg,
in eurem Arm fand sie sich wieder,

als durch der Zeiten stillen Sieg,
355 des Lebens Blüthe von der Wange,
die Stärke von den Gliedern wich,
und traurig, mit entnervtem Gange,
der Greis an seinem Stabe schlich.
Da reichtet ihr aus frischer Quelle
360 dem Lechzenden die Lebenswelle.
Zweymal verjüngte sich die Zeit,
zweymal von Saamen, die ihr ausgestreut.

Vertrieben von Barbarenheeren,
entrisset ihr den letzten Opferbrand
365 des Orients entheiligten Altären,
und brachtet ihn dem Abendland.
Da stieg der schöne Flüchtling aus dem Osten,
der junge Tag, im Westen neu empor,
und auf Hesperiens Gefilden sprossten
370 verjüngte Blüthen Joniens hervor.
Die schönere Natur warf in die Seelen
sanft spiegelnd einen schönen Wiederschein,
und prangend zog in die geschmückten Seelen
des Lichtes grosse Göttin ein.
375 Da sah man Millionen Ketten fallen
und über Sklaven sprach jetzt Menschenrecht,
wie Brüder friedlich mit einander wallen,
so mild erwuchs das jüngere Geschlecht.
Mit innrer hoher Freudenfülle
380 geniesst ihr das gegebne Glück,
und tretet in der Demuth Hülle
mit schweigendem Verdienst zurück.

Wenn auf des Denkens frey gegebnen Bahnen
der Forscher jetzt mit kühnem Glücke schweift,
und, trunken von siegrufenden Päanen, 385
mit rascher Hand schon nach der Krone greift;
wenn er mit niederm Söldnerslohne
den edeln Führer zu entlassen glaubt,
und neben dem geträumten Throne
der Kunst den ersten Sklavenplatz erlaubt: 390
verzeiht ihm — der Vollendung Krone
schwebt glänzend über eurem Haupt.
Mit euch, des Frühlings erster Pflanze,
begann die Seelenbildende Natur,
mit euch, dem freud'gen Aerntekranze, 395
schliesst die vollendende Natur.

Die von dem Thon, dem Stein bescheiden aufgestiegen,
die schöpferische Kunst, umschliesst mit stillen Siegen
des Geistes unermessnes Reich.
was in des Wissens Land Entdecker nur ersiegen, 400
entdecken sie, ersiegen sie für euch.
Der Schätze, die der Denker aufgehäufet,
wird er in euren Armen erst sich freun,
wenn seine Wissenschaft, der Schönheit zugereifet,
zum Kunstwerk wird geadelt seyn — 405
wenn er auf einen Hügel mit euch steiget,
und seinem Auge sich, in mildem Abendschein,
das mahlerische Thal — auf einmal zeigt.

Je reicher ihr den schnellen Blick vergnüget,
je höh're schön're Ordnungen der Geist 410

_{388 edlen.}

in einem Zauberband durchflieget,
in einem schwelgenden Genuss umkreiss't;
je weiter sich Gedanken und Gefühle
dem üppigeren Harmonienspiele
415 dem reichern Strom der Schönheit aufgethan —
je schön're Glieder aus dem Weltenplan,
die jetzt verstümmelt seine Schöpfung schänden,
sieht er die hohen Formen dann vollenden,
je schönre Räthsel treten aus der Nacht,
420 je reicher wird die Welt, die er umschliesset,
je breiter strömt das Meer mit dem er fliesset,
je schwächer wird des Schicksals blinde Macht,
je höher streben seine Triebe,
je kleiner wird er selbst, je grösser seine Liebe.

425 So führt ihn, in verborgnem Lauf,
durch immer reinre Formen, reinre Töne,
durch immer höh're Höhn und immer schön're Schöne
der Dichtung Blumenleiter still hinauf —
zuletzt am reifen Ziel der Zeiten,
430 noch eine glückliche Begeisterung,
des jüngsten Menschenalters Dichterschwung,
und — in der Wahrheit Arme wird er gleiten.

Sie selbst, die sanfte Cypria,
umleuchtet von der Feuerkrone
435 steht dann vor ihrem mündgen Sohne
entschleyert — als Urania;
so schneller nur von ihm erhaschet,
je schöner er von ihr geflohn!

So süss, so selig überraschet
stand einst Ulyssens edler Sohn, 410
da seiner Jugend himmlischer Gefährte
zu Jovis Tochter sich verklärte.

Der Menschheit Würde ist in eure Hand gegeben,
bewahret sie!
Sie sinkt mit euch! mit euch wird die Gesunkene sich heben! 415
Der Dichtung heilige Magie
dient einem weisen Weltenplane,
still lenke sie zum Ozeane
der grossen Harmonie!

Von ihrer Zeit verstossen, flüchte 450
die ernste Wahrheit zum Gedichte,
und finde Schutz in der Camönen Chor.
In ihres Glanzes höchster Fülle,
furchtbarer in des Reitzes Hülle,
erstehe sie in dem Gesange 455
und räche sich mit Siegesklange
an des Verfolgers feigem Ohr.
Der freysten Mutter freye Söhne
schwingt euch mit festem Angesicht
zum Strahlensitz der höchsten Schöne, 460
um andre Kronen buhlet nicht.
Die Schwester, die euch hier verschwunden,
hohlt ihr im Schoos der Mutter ein;
was schöne Seelen schön empfunden

415 wird sie sich heben!

₄₆₆ muss treflich und vollkommen seyn.
Erhebet euch mit kühnem Flügel
hoch über euren Zeitenlauf;
fern dämmre schon in euerm Spiegel
das kommende Jahrhundert auf.
₄₇₀ Auf tausendfach verschlungnen Wegen
der reichen Mannigfaltigkeit
kommt dann umarmend euch entgegen
am Thron der hohen Einigkeit.
Wie sich in sieben milden Strahlen
₄₇₅ der weisse Schimmer lieblich bricht,
wie sieben Regenbogenstrahlen
zerrinnen in das weisse Licht:
so spielt in tausendfacher Klarheit
bezaubernd um den trunknen Blick,
₄₈₀ so fliesst in Einen Bund der Wahrheit
in Einen Strohm des Lichts zurück!

₄₆₈ eurem.

Die Künstler. Die Worte *Kunst* und *Künstler* in dieser Dichtung überall in rein-ästhetischem und generell umfassendem Sinne. S. Excurs. 1.

2. *An des Jahrhunderts Neige.* Die gleiche Wendung, doch auf das Lebensalter des Sprechenden bezogen Vb 415 (Don Carlos) *umsonst gelebt Zu haben, schmerzt an des Jahrhunderts Neige.* — Der Preis des Humanitätszeitalters auch in Schillers mit den Künstlern beinahe gleichzeitiger academischer Antrittsrede. Vgl. besonders die Stelle (IX 99): *Unser menschliches Jahrhundert herbeizuführen haben sich — ohne es zu wissen oder zu erzielen — alle vorhergehenden Zeitalter angestrengt. Unser sind die Schätze, welche Fleiss und Genie, Vernunft und Erfahrung im Alter der Welt endlich heimgebracht haben.* Unmittelbar vor dem Losbrechen der Revolutionsstürme gibt sich das optimistische, culturstolze Hochgefühl, das die europäische Menschheit im 18. Jahrhundert beseelte, in diesen Worten, wie in den Künstler-Versen noch einmal einen beredten Ausdruck. (Sch's Aeusserungen über die französische Umwälzung hat J. Schmidt, Schiller und seine Zeitgenossen S. 238 zusammengestellt.) Zehn Jahre nach den Künstlern heisst es im Prolog zu Wallenstein: *Und jetzt an des Jahrhunderts ernstem Ende* ähnlich in Goethes Elegie Hermann und Dorothea (1797) *Wen lehret Weisheit am Ende Nicht das Jahrhundert!*

6. *Der reifste Sohn der Zeit,* 157, *das Kind der Schönheit* XI 81 (Spaziergang) *dem Sohn der Veränderung Darf der Veränderung Sohn nimmer und nimmer sich nahn* Va 108 (Don Carlos) *Ich Sohn des Unglücks* XIV 92, (Br. v. Mess.) *dem flüchtigen Sohn der Stunde,*

Goethe, Wanderers Sturmlied: *Und der Sohn des Wassers und der Erde* (vom Schlamm), derselbe (Catalog der Berliner Goethe-Ausstellung 1861) *der älteste, festeste, tiefste, unerschütterlichste Sohn der Natur* (vom Granit) — aus Luthers Sprache geschöpfte oder ihr nachgebildete Wendungen. *Sohn der Zeit*: Zeitliches Wesen, Sterbliche, nicht Zeitsprössling, wie Viehoff, den Dichter tadelnd, erklärt. (Der Gedanke an Thier- und Pflanzenwelt ist ebenso selbstverständlich ausgeschlossen, wie bei der Bezeichnung: die Sterblichen für die Menschen. Viehoff scheint sich zur Unzeit einer Stelle aus der Abhandlung über naive und sentim. Dichtung X 427 erinnert zu haben.) *Der reifste Sohn der Zeit*: der gesittetste Sterbliche, die vollkommenste Erscheinung des Menschlichen. Düntzers Anmerkung zu Zeit: *von den einzelnen Zeiten, welche alle den Menschen auf einer gewissen geistigen Stufe zeigen*, ist schwerlich verständlich.

7—12. Die Rhetorik der Stelle beruht auf der gleichzeitigen Anwendung des Anaphora (ebenso 176—178, 274—298, 409—424, 474—481) und des Chiasmus und dem Anschwellen der Verszeile von drei Jamben bis zu dem die Strophe abschliessenden Alexandriner. — Wenn Viehoff in 10 einen Widerspruch mit den Worten des Liedes an die Glocke: *die Elemente hassen Das Gebild der Menschenhand* findet — er würde bei der Weitherzigkeit poetischer Wahrheit in jedem Fall wenig bedeuten — so bedarf es, um die beiden Stellen zu harmonisiren, nur des Hinweises auf den figürlichen Gebrauch von *amare*, welcher dem Dichter vorgeschwebt haben wird. Vgl. Aen. I 163 *litus ama* Hor. carm. 1, 25, 3 *amatque Janua limen* Plin. Pan. *Nilus amet alveum suum*. Hiernach heist *Fesseln lieben* prosaisch: *Fesseln tragen*, eine Personificirung des Leblosen, wie sie für Schillers poetischen Ausdruck in erster Linie charakteristisch ist, zuweilen, wie eben hier, die Theorie verrathend. Bei dieser Auslegung ist auch die Reihenfolge von 10—12 untadelhaft: die Natur ist bezwungen, ihre Bearbeitung stählt des Menschen Kraft, ihre Schönheit erquickt ihn.

Verwildrung: Wildnis. (vgl. ähnliche genetische Bezeichnungen in unserer Sprache, wie Schöpfung = Welt, Verbreitung = Häufigkeit, Eroberung = das Eroberte, Vollendung = Vollkommenheit, ebenso Bildung, Cultur u. a. m.) So ist auch X 360 (ästhet. Erziehung Br. 24) *In dieser dumpfen Beschränkung irrt er durch das Leben, bis eine günstige Natur die Last des Stoffes von seinen verfinsterten Sinnen wälzt* das Participium völlig gleich *finster* zu verstehen, desgl. IV, 148 (Philosoph. Briefe) *verwüstet* = wüst. Analog XIV, 106 (Braut von Messina): *entwölkt* = wolkenlos. Daher ist Düntzers Erläuterung, die Natur sei erst unter der Sorglosigkeit der ersten Menschen verwildert, unsachgemäss und zieht Abliegendes gewaltsam heran. — Mit 12 vgl. XIII 258 (Jungfrau v. O.): *die Dörfer, die verwüsteten, die Städte Aus ihrem Schutt sich prangender erheben.*

13. *Berauscht.* Das Participium gehört logisch unter die Negation des Imperativsatzes, aus welchem es stärkerer Betonung halber herausgestellt ist. Voranstehende Participialsätze auch 129, 140—141, 192—198, 204, 229, 363, 450. In der Häufigkeit, Stellung und syntactischen Behandlung des unflectirten Participiums bei Schiller ist französische Einwirkung erkennbar. Wie es 197: *Begraben in des Wurmes Triebe — Erkanntet ihr in seiner Brust Den edeln Keim der Geisterliebe* (vgl. VI 242 Kraniche des Ibycus: *Obgleich entstellt von Wunden Erkennt der Gastfreund von Corinth Die Züge, die ihm theuer sind*) über das Subject hinweg auf den Accusativ geht, gehört es XI 15 (Macht des Gesanges) *Verbündet mit den furchtbarn Wesen — Wer kann des Sängers Zauber lösen* sogar zu dem Genitiv. Dem gegenwärtigen, in syntactischer Hinsicht empfindlicher gewordenen Sprachgefühl ist eine solche Beziehungsweite der Participialform nicht mehr erträglich, obschon noch immer auch sprachlich zuverlässigere Poeten so starke Unebenheiten sich zuweilen gestatten. (vgl. Platen, Klaglied Kaiser Ottos III.: *Verwaist, in Gram versenkt, Entfallen mir die Zäume*).

14. *Verlernen.* Poetisch individualisirender Ausdruck für: aufhören, unterlassen. Häufig so oder ähnlich bei Sch. und seinen Zeitgenossen. Vb 158 (Don Carlos): *O Roderich wenn ich den Vater je In ihm verlernte.* 193: *Wenn dieses Auge Tränen Verlernte die es sonst geweint.* 444: *Der Erde Gott verlerne zu bedürfen Was ihm verweigert werden kann.* IV 70 (Verbrecher aus verlorner Ehre): *ich hatte endlich verlernt mich zu schämen.* Lessing, Nathan der Weise 4, 4: *dass mir Geträumt, ein Jude könn' auch wohl ein Jude Zu sein verlernen.* Goethe, Tasso 3, 2: *ach, dass wir doch dem reinen, stillen Wink Des Herzens nachzugehn so sehr verlernen.* Uz, Sieg des Liebesgottes: *Sie haben nun gelernt, ihr Vaterland verlernen.*

15. *Des Lebens öden Strand.* XII 88 (Piccolomini): *Wir haben Des schönen Lebens öde Küste nur Wie ein umirrend Räubervolk befahren.* — Die Erklärer sagen nicht, dass *des Lebens öder Strand* schon Lessingisch ist, ja bei ihm in einem Zusammenhange steht, der zu der Stelle der Künstler bemerkenswert enge Beziehung hat. Nathan d. W. 5, 3: *Kein kleiner Raub, ein solch Geschöpf! — Geschöpf! und wessen? — Doch des Sclaven nicht, der auf Des Lebens öden Strand den Block geflösst Und sich davon gemacht? Des Künstlers doch Wohl mehr, der in dem hingeworfnen Blocke Die göttliche Gestalt sich dachte, die Er dargestellt.* Und die Stelle der Künstler wiederum mag Goethe im Sinn gelegen haben, als er viele Jahre später (in dem Gedicht Trauerloge) schrieb: *An dem öden Strand des Lebens etc.* — *Des Lebens* enthält den eigentlichen Begriff, der dem bildlichen erklärend vorangestellt ist. Ebenso 34 *Morgentor des Schönen*, 35 *der Erkenntnis Land*, 44 *Symbol des Schönen und des Grossen*, 112 *der Begierde blinde Fessel*, 183 *der Tierheit dumpfe Schranke*, 245 *der Zukunft Nacht*, 252 *des Mondes Angesicht*, 290 *der Schönheit goldner Gürtel*. Dieser Genitiv des eigentlichen Begriffes ist bei Schiller so häufig, dass man ihn den Schillerschen nennen könnte. Zu dem Gepräge seiner Diction tragen, wie überhaupt Genitivfügungen, so besonders diese explicativen ein Erhebliches bei. S. Excurs. 2.

16. *Den Waisen.* Das Masculinum ist das ältere Genus des Wortes. Im Mhd. sagte man *der Waise* auch von Mädchen, wie jetzt *die Waise* auch von Knaben (z. B. Kudrun 1263 ed. Martin; Parcival 4, 456 ed. Bartsch; Tristan 1818 ed. Bechstein). Vgl. auch die von Gödeke u. d. W. citirte Stelle aus Klinger.

17. *des wilden Zufalls Beute fand. Wild* nicht: unfreundlich, wie ein Interpret erklärt, vielmehr gesetz-, regellos. 220: *der Leidenschaften wilden Drang.* Tasso 2, 1: *dem wilden Lauf der Welt, Wie von dem Ufer ruhig zugesehn* ebd. 4, 1: *es raubt sie nicht Die Zeit, das Schicksal, noch das wilde Glück.* Besonders in ethischem Sinn hat das Wort, gleich vielen anderen (z. B. Wut, Begierde, Wollust) in den letzten hundert Jahren sich vergröbert.
— Die dem Französischen nachgebildete Construction, nicht selten bei Lessing, Schiller, Goethe. Nathan d. W. 3, 7: *So glaubte jeder sicher seinen Ring Den echten* Tasso 2, 3: *Ich acht ihn heilig und das höchste Gut* 2, 4: *ob alle Diener diese That So unbedeutend halten, zweifl' ich fast* ebd. *du hältst es Recht.*

32. *mit vorgezogenen Geistern:* mit bevorzugten Geistern 56: *von reineren Dämonen.* Die Vorstellung einer Stufenfolge an Erkenntniskraft verschiedener Geister (denkender Wesen) findet sich schon in Hallers Lehrgedicht über den Ursprung des Uebels, wo dem *sterblichen Geschlecht, dem zweideutigen Mittelding von Engel und von Vieh,* gegenübergestellt werden *himmlische Naturen,* an denen Alles sieht, vor deren scharfem Blicke sich die Natur entblösst, während das Auge jener sich am Kleid der Dinge stösst. — Die Kunst wird als eigentümliches Attribut des Menschen bezeichnet, weil Schönheit, wie sie hier als sinnlich angeschaute Wahrheit gefasst wird, menschliche Organisation voraussetzt. Diese Auffassung ist die vorkantische, sofern erst Kant die den andern gleichgeordnete Selbständigkeit der ästhetischen Sphäre erwiesen hat, während sich in der Leibnitzischen Schule die schöne Vorstellung nur graduell, nur durch geringere Klarheit von der logischen unterscheidet *(dunkel*

percipirte Harmonie, Leibnitz, *cognitio veri sensitiva*, Baumgarten). In Mendelssohns (1755 von Lessing herausgegebenen) Briefen über die Empfindungen, einer Schrift, deren Zusammenhang mit den Künstlern auch die bereits in ihnen begegnende, Plato nachgeahmte Mythologisirung der Begriffe Schönheit und Wahrheit (Vollkommenheit) anzeigt, wird das Vergnügen an der sinnlichen Schönheit nur unserem Unvermögen zugeschrieben: *Wesen, die mit schärferen Sinnen begabt sind, müssen in unseren Schönheiten ein ekelhaftes Einerlei finden und was uns ermüdet, kann ihnen Lust gewähren. — Daher kann vor dem Schöpfer die Schönheit nicht bestehen, sie wird nicht einmal der Hässlichkeit vorgezogen.*

34. *das Morgentor des Schönen.* Das Schöne wird mit der Morgenröte verglichen (s. zu 15), dieser Vergleich aber durch die Vorstellung der Morgenröte unter der Form eines Morgentores aus seiner ursprünglichen Richtung gelenkt und dem bildlichen Ausdruck gemäss fortgeleitet. — *Morgentor* hat, wie Düntzer nachweist, schon Haller in den Morgengedanken (Gedichte, Bern 1734 S. 22) *Durchs rote Morgentor der heitern Sternenbühne Naht das verklärte Aug der Welt.* Vgl. Homer Ilias ε 749 θ 393 αὐτόμαται δὲ πύλαι μύκον οὐρανοῦ ἃς ἔχον Ὧραι; Ovid fast. 1, 125: *praesideo foribus caeli cum mitibus Horis*; Shakespeare, midsummer-night's dream: 3, 2 *even still the eastern gate, all fiery red, Opening* (von Bürger 1789: *wann schon am Horizonte Des Ostens Purpurtor sich aufzuthun begonnte,* von Schlegel 1796: *Wenn flammend sich des Ostens Pforten röten* übersetzt); Tieck, Genoveva (1800): *Und wie aus Morgens purpurroten Toren Der glanzgekrönte Ost dem Blick sich beut*; Leopardi, ultimo canto di Saffo: *A me non ride L'aprico margo et dall' eterea porta Il mattutino albor.*

<small>Auf Hallerisches wird im Folgenden noch öfter hinzuweisen sein. Schillers geistige Beziehungen zu ihm sind näherer Untersuchung in hohem Grade wert. In Kleinstem wie in Grösstem würden sich Verbindungsfäden entdecken lassen. Mit vollem Recht hat neuerdings C. Lemcke (Geschichte der deutschen Dichtung neuerer Zeit I, 449; 453)</small>

auf den tiefen und nachhaltigen Einfluss hingewiesen, der von Hallers gedankenschwerer Poesie ausgegangen ist, und in Schiller den Fortleiter seines grossen Stiles erkannt. Auch in Goethes Dichtung klingt ein specifisch Hallerscher Ton häufiger an, als angenommen wird; ja bis in Faustische Tiefen reicht der Arm des „Alpenriesen". Man vergleiche beispielsweise Goethe: *Dass ich erkenne, was die Welt Im Innersten zusammenhält* mit Haller (die Falschheit menschlicher Tugenden): *Er kennet von der Welt, was aussen sich beregt Und nicht die innre Kraft, die heimlich Alles regt,* oder Goethe: *Und im Genuss verschmacht ich nach Begierde* mit Haller (Ursprung des Uebels): *Ihr Stand der Gottheit naht und keinen Ekel zeugend, In der Begierd geniesst und im Genuss begehrt.*)

38—41. *Die vier Verse schwingen sich mit bezaubernder Leichtigkeit dem Gange des heitern Gedankens nach* (A. W. von Schlegel, über die Künstler, Werke ed. Böcking 7, 3—23). — *dereinst schwang.* Der Satz ist mit kühner Tempuscombination von zwei Standpunkten zugleich, dem des Redenden (*schwang*) und dem des Angeredeten (*dereinst*) entworfen.

43. *älternde.* In der Ausgabe von 1803 hat Schiller *älternde* geschrieben, wogegen XII 184 (Piccolomini): *die Sache spricht, die klärsten Beweise;* ebd. 295 (Wallensteins Tod): *Und in die hohlen Läger Menschen sammeln* u. a. a. O. erst Körner den Umlaut entfernt hat. — *alternd* wie XIII 189 (Jungfrau v. O.): *die edeln Städte, Die mit der Monarchie gealtert sind,* ohne Nebenvorstellung des Unkräftigen. — *erfinden* in der älteren Sprache = ausfindig machen, erkennen.

45. *Symbol des Schönen und des Grossen.* Das Schöne und Grosse war Symbol, s. zu 15. In den Briefen über die ästhetische Erziehung d. M. (1795) wird dieser Gedanke wieder aufgenommen und ausgeführt. Vgl. besonders Brief 9, wo es a. E. heisst: *umgib sie mit edeln, mit grossen, mit geistreichen Formen, schliesse sie ringsum mit den Symbolen des Vortrefflichen ein, bis der Schein die Wirklichkeit und die Kunst die Natur überwindet.* § 59 in Kants ein Jahr nach den Künstlern erschienener Kritik der Urteilskraft handelt *von der Schönheit als Symbol der Sittlichkeit.* Der

Schluss dieses Paragraphen lautet: *der Geschmack macht gleichsam den Uebergang vom Sinnenreiz zum habituellen moralischen Interesse ohne einen zu gewaltsamen Sprung möglich, indem er die — — Einbildungskraft — — sogar an Gegenständen der Sinne auch ohne Sinnenreiz ein freies Wolgefallen finden lehrt.* Jedoch hat bei Kant das Schöne nur Analogien zum Sittlichen, bildet nur gleichsam einen Uebergang dazu, bei Schiller macht der Geschmack ihn wirklich. Ueber diese Differenz handelt Drobisch, über die Stellung Schillers zur Kantischen Ethik, Berichte der k. sächs. Ges. d. Wissensch. IX, S. 190, wo jedoch die Stelle der Künstler nicht erwähnt ist.

45. *Verstand* und *Vernunft* wohl ohne principielle Sinnverschiedenheit, wenngleich der vorliegende Gebrauch sich mit Kantischer Terminologie vereinbaren lassen würde (Anschauung und Idee). — *kindisch*: kindlich. Der ausschliesslich tadelnde Gebrauch von kindisch hat sich erst gegen Ende des vorigen Jahrhunderts definitiv festgesetzt. *Er stand selbst in Schillers Sprachgefühle noch nicht ganz fest, daher er Stellen, in denen er anfangs das Wort angewendet hatte, später änderte* (L. Geiger, Ursprung der Sprache, S. 72). An vorliegender Stelle hat er *kindisch* jedoch nicht geändert, wogegen es 1795 in der Abhandlung über das Naive von *kindlich* ausdrücklich unterschieden wird (X, 429: *es verbindet die kindliche Einfalt mit der kindischen*. Vgl. auch Br. an Körner 22. Jan. 1789.

46. *Ihr holdes Bild*, 135 *den holden Schatten*, 327 *der holde Traum*, 345 *mit holdem Zauberscheine*. Vgl. die in den Künstlern ebenfalls häufig erscheinenden Adjectiva *sanft, mild, still, lieblich, schön*. Die Beiwörterfülle, in der sich Stil-Verwandtschaft mit Haller zeigt, wie dieser damit an Lohenstein und Brockes anknüpft, ist in Schillers späterer poetischer Sprache mehr und mehr eingeschränkt worden. — Hold, ein Lieblingswort Goethes, wie früher Hallers, auch bei Schiller häufig. Ebenso holdselig. Beide Wörter sind aus Luther geschöpft, letzteres erst von Luther ge-

bildet. (Luc. 1, 28 κεχαριτωμένη; Sendschreiben vom Dolmetschen § 14.)

50. Aehnliche Gesetzesverachtung XIV 48 (Braut v. Messina): *das Gesetz ist der Freund des Schwachen, Alles will es nur eben machen, Möchte gern die Welt verflachen*, ebd. 81: *es ist des Feigen Schutz*.

52. *Sternenbühne* (auch bei Haller s. zu 34) 332 *Sternenbogen*. Vergl. *Sternenzelt, Sternenheer, Sternenbahn, Sternenstunde, Sternenrichter*. Schiller wie seine Zeitgenossen, Gleim, Bürger, Wieland, lieben diese und ähnliche, jetzt meist veraltete Zusammensetzungen; die poetische Phantasie jener Zeit und ihre Metaphorik sind den Sternen besonders geneigt.

54. Die invertirte Satzstellung wie 351 und 396. Vgl. VI 190 (Iphig.): *den unsre schnellen Schiffe brachten, Den fürchterlichen Gott der Schlachten.*

56. *von reineren Dämonen*. Es sind die vorgezognen Geister v. 32. Vgl. XI 35 (Würde der Frauen): *Seiner Menschlichkeit vergessen, Wagt des Mannes eitler Wahn Mit Dämonen sich zu messen, Denen nie Begierden nahn*. X 223 (über das Erhabne): *so lange der Mensch bloss Sclave der physischen Notwendigkeit war, aus dem engen Kreis der Bedürfnisse noch keinen Ausgang gefunden hatte und die hohe dämonische Freiheit in seiner Brust noch nicht ahndete*; ebd. 229: *Das Schöne macht sich bloss verdient um den Menschen, das Erhabene um den reinen Dämon in ihm; und weil es einmal unsere Bestimmung ist, auch bei allen sinnlichen Schranken uns nach den Gesetzen reiner Geister zu richten*; ebd. 300 (über die ästhetische Erziehung): *Nur aus dem reinen Aether seiner dämonischen Natur rinnt die Quelle der Schönheit hervor*; ebd. 413: *die Freiheit des Dämonen noch als Mensch zu beweisen*. Im Sinn: *böser Geist* steht das Wort öfter, z. B. VI 168; XIV 82 und 100. *reinere*: ganz reine, rein geistige. Der Comparativ im Sinne des lateinischen Superlativs (Elativ). s. Excurs 3.

57. Sch. an Körner 22. Jan. 1789 —: *dieweil die nackte Wahrheit uns zu Narren machen würde, da unsere Vernunft nicht darauf calculirt ist.* Vgl. Goethe, Zueignung: *Fast jedem Auge wird dein Strahl zur Pein.*

59. *furchtbar herrlich.* Furchtbar ist Adverbium. Dies darf bemerkt werden, weil wir ein Jahrzehnt später in Schillers poetischer Sprache überaus häufig jenen Goetheschen Adjectivverbindungen begegnen, in denen einer flectirten Form eine (auch zwei) unflectirte im gleichen Casus vorangeht. So allein aus dem ersten Act der Jungfrau von Orleans die folgenden: *des unselig jammervollen Zwists; des himmelstürmend hunderthändigen; die köstlich edle Rettungszeit; ein stolz verdriesslich schwerer Narr; eine schuldlos reine Welt; dieser rauh barbar'schen Wirklichkeit; ein finster furchtbares Verhängnis; diesen trotzig herrischen Gemütern; hochsinnig eigenwilliger Vasallen; mit weit geöffnet starrem Blick; heilig wunderbares Mädchen; untrüglich allerforschend Aug.*

60. *mit abgelegter Feuerkrone.* Boxberger verweist auf Ovid. met II, 40: *at genitos circum caput omne micantes Deposuit radios propiusque accedere iussit.* — Auch die Construction ist ein Latinismus (nach Ablegung d. F.). So auch XII 71 (Piccolomini): *Sein unbestrafter Trotz Wird unsre Ohnmacht schimpflich offenbaren* (die Straflosigkeit seines Trotzes)

62. Die Participialconstruction findet Schlegel (a. a. O. S. 10) zu hart für unsere Sprache. Aber schon Lessings Prosa bietet analoge in Fülle und gegenwärtig müssen sie vollends für recipirt gelten. Auch hat Schlegel selbst sich ihrer später nicht enthalten.

64—65. Das Schöne Vorbereitung der Wahrheit auch bei Goethe, Künstlerlied (1816): *Wie Natur im Vielgebilde Einen Gott uns offenbart, So im weiten Kunstgefilde Webt ein Sinn der ewgen Art. Dieses ist der Sinn der Wahrheit, Der sich nur mit Schönem schmückt Und getrost der höchsten Klarheit Hellsten Tags entgegenblickt.*

67 (73). *Sterblichkeit;* der Ort der Sterblichen, die Erde. V₁, 71 (Don Carlos): *was — den Menschen Noch einmal an den*

Himmel knüpft und Engel Zur Sterblichkeit herunterlocken könnte. V2, 316 (Don Carlos): *Und wolltet Ihr es unternehmen dies Erhabne Muster in der Sterblichkeit, In meinen Staaten nachzubilden?* In dem Sinne: Erdenlaufbahn, also ebenfalls concret, steht es V1, 57: *ein genauer Minutenweiser meiner Sterblichkeit.*

69. *Sinnenpfad,* 75 *Sinnenland,* 179 *Sinnenschlaf,* vgl. 89 *Geisterleben,* 200 *Geisterliebe,* (ebenso *Geisterreich, Geisterwürde, Geisterberuf, Geisterseuche, Geisterwelt*). Wortbildungen dieser Art sind bei Schiller und seinen älteren Zeitgenossen, besonders Kant und Wieland, häufig. Wo die gegenwärtige Sprache Adjectiva wählt (*sinnlich, geistig*) oder Genitive (*Welt des Geistes*) oder endlich des Compositionsconsonanten s sich bedient, entschied sich die damalige für Zusammensetzung mit dem Plural. S. auch zu 52.

70—74. Umbildung eines antiken Motives. Bei Hesiod verlassen Scham und Rechtsgefühl ($Aἰδώς$ und $Νέμεσις$) im letzten Weltalter die Erde, bei Arat die Gerechtigkeit. Letzterem folgt Ovid, met. 1, 149 *virgo caede madentes Ultima caelestum terras Astraea reliquit.*

76. *mit lieblichem Betruge.* XIV 49 (Braut von Messina) *Reizend betrügt sie die glücklichen Jahre,* V2, 316 (Don Carlos) *belohnt Durch eignen Beifall beuge sich der Künstler Der angenehm betrogenen Maschine.* — *Elysium* als nomen proprium auch bei Klopstock der Zürchersee: *Die Schattenwand Wandelt' uns sich in Tempe, Dieses Tal in Elysium* und Goethe Tasso 1, 3: *so scheint es mir, ich sehe Elysium auf dieser Zauberfläche Gebildet.* In Sch's Jugendproducten so sehr häufig (auch in der Form *Elysen*).

80. *heilge Mordsucht.* Haller, über den Ursprung des Uebels III: *Die Zeit muss seit dem Fall ihr Sandglas jäher stürzen, Die Mordsucht grub ein Erz, die kurze Frist zu kürzen.* Goethe, Harzreise im Winter (1771): *Segne die Brüder der Jagd* — — *Mit jugendlichem Uebermut fröhlicher Mordsucht.* — Zur Genealogie des Oxymorons *heilge Mordsucht* in kirchenfeindlicher Verwendung vgl. den bei Lessing, Dramaturgie Stück 6 mitgeteilten Epilog (1767)

v. 13: *Und mancher Aladin sieht staatsklug oder schwach, Dem schwarzen Blutgericht der heilgen Mörder nach.* Mit gleichem Bezug auf das Zeitalter der Kreuzzüge Nathan der Weise II 5 (1779) *Wenn hat und wo die fromme Raserei, Den bessern Gott zu haben, diesen bessern Der ganzen Welt als besten aufzudringen In ihrer schwärzesten Gestalt sich mehr Gezeigt als hier, als itzt.* Desgleichen Herder, Ideen zur Geschichte der Menschheit Buch 20 (1787): *Auf einer heiligen Narrheit beruht schwerlich das dauerhafte System Europas.* Endlich Schiller, Götter Griechenlands (1788): *Nach der Geister schrecklichen Gesetzen Richtete kein heiliger Barbar.* Vgl. Soph. Antig. 74 ὅσια πανουργήσασα.

> Solche Oxymora (vgl. 76) waren eine stilistische Hinterlassenschaft der Alexandrinerpoesie, welche bei der zweischenklichten Natur des Verses (Sch. an Goethe 15. Oct. 1799) von vornherein auf antithetische Rhetorik angelegt zu allen Zeiten sich darin ergangen hat. Bekannt sind Goethes *geheimnisvoll offenbar, schweres Leichtgewicht* u. a.

Den spitzfindigen Tadel der Negationsstellung *(keine Flamme)* hätte ein Erklärer dem andern nicht nachsprechen sollen.

83. Während hier *die schöne Cultur* noch unbedingt gepriesen und über die ethische gestellt wird, wird in den Abhandlungen über den moralischen Nutzen und über die Gefahr ästhetischer Sitten (1795) ihre moralische Indifferenz oder doch nur subsidiäre Bedeutung betont. X 419: *Der Geschmack befreit das Gemüt blos in sofern von dem Joch des Instincts, als er es in seinen Fesseln führet,* ebd. 413: *Einzig durch den Schönheitssinn, den Statthalter der Vernunft in der Sinnenwelt, regiert, wird er zu Grabe gehen, ohne die Würde seiner Bestimmung zu erfahren.* — *der Pflichten* ist objectiver Genitiv.

87. *bleicht*: erschreckt. Ebenso VI 179 (Iphig.) *Keine Furcht, kein unglückbringend Zeichen Soll der Fürstin Antlitz bleichen* (ἔκπληξιν παρέχωμεν). III 436 (Kabale und Liebe) *die glühende Wange der Freude bleichen* (XI 60 [Ideal und Leben] *der Freude Wange werde bleich*), XI 58 *Nur dem Ernst, den keine Mühe bleichet.*

Der Gebrauch ist kein individueller, wie man annehmen könnte. In Paul Flemings Selbst-Grabschrift (1640) heisst es: *Von Reisen hochgepreist, für keiner Mühe bleich.* — Zum Gedanken vgl. 311 *mit dem Geschick in hoher Einigkeit.* — Schlegel schienen die Worte *bleicht kein Geschick* abgerissen. Sie runden aber den Gedanken ab, da Furcht und Begierde psychisch zusammengehören.

<small>*Nam qui cupiet, metuet quoque.* Hor. ep. 1, 16, 65. Lucret. VI 17 von Epicur: *et finem statuit cuppedinis atque timoris.*</small>

88. XI 16 (Macht des Gesanges): *So rafft — — Der Mensch sich auf zur Geisterwürde Und tritt in heilige Gewalt.*

91. *Millionen* (vgl. 375) viersilbig. Sch. misst die Endung *ion* in lateinischen und romanischen Wörtern und ebenso auch das französische llon (Pavillon V 87, V 171; Billet V 101, V 105) nie anders als zweisilbig. Desgleichen verwendet er in der Endung ie, io u. a. in fremden Wörtern *i* immer vocalisch.

<small>Goethes Versification zeigt den Uebergang von dieser älteren Weise der Messung und wohl auch der Aussprache zur modernen. Während z. B. *Octavio* bei Schiller nie anders als viersilbig ist, ist in Goethes *Antonio* das *i* bald vocalisch, bald consonantisch. Verse wie Tasso 4, 4: *Flaminio de'Nobili, Angelio — Da Berga, Antoniano und Speron Speroni* sind hierfür bezeichnend.</small>

93. *würdigen* im Sinne und mit der Construction des französischen *daigner* schon bei Lessing, Nathan d. W. II 1: *Was sonst als was ich kaum Zu nennen würdige*, ebenso Dramaturgie Stück 1: *Der gute Schriftsteller — — hat immer die Erleuchtetsten und Besten seiner Zeit und seines Landes in Augen, und nur was diesen gefallen, was diese rühren kann, würdiget er zu schreiben* — (eine Stelle, die ebenso wie der Passus über die transitorisch vorbeirauschende Kunst des Schauspielers in der Ankündigung der Dramaturgie bekannten Versen des Wallenstein - Prologs zu Grunde liegt).

95—96. Vgl. Goethes Iphigenie 3, 1: *(habt ihr) mir die kindliche Beschäftigung, des heilgen Feuers Glut Zu nähren aufgetragen.*

— Die Ablösung der Worte *auf ewig flammenden Altären* von dem Infinitivsatz, in welchen sie logisch gehören, wie ebd. 3, 3: *Die Erde dampft erquickenden Geruch Und ladet mich auf ihren Flächen ein Nach Lebensfreud' und grosser That zu jagen*, wo die prosaische Iphigenie die einfache Wortfolge hat. Aehnlich ist eine praepositionale Bestimmung unten 275 vorausgestellt, wogegen Schiller 189, wohl in Folge von Schlegels Beanstandung dieser Freiheit (a. a. O. S. 15) *in erhabne Fernen* in *nach erhabnen Fernen* geändert hat.

Voranstellung praepositionaler Bestimmungen vor das Praedicat ist französische Gewohnheit, der schon Lessing vielfach folgte. So allein im 2. Cap. des Laocoon drei Mal: *die bildenden Künste insbesondere, ausser dem unfehlbaren Einflusse, den sie auf den Character der Nation haben, sind einer Wirkung fähig, welche die nähere Aufsicht des Gesetzes heischt. — Dieser (körperliche Schmerz) in aller seiner entstellenden Heftigkeit, war mit jener (Schönheit) nicht zu vergleichen. — Die blosse weite Oeffnung des Mundes — bei Seite gesetzt, wie gewaltsam etc. — ist in der Malerei ein Fleck.*

100. *die hohe Ordnung* erklärt Viehoff nicht genau als die vom Weltschöpfer ausgehende Rangordnung. *Hohe Ordnung* bedeutet erhabne Weltordnung. In diesem Sinne ist das Wort bei Schiller und seinen Zeitgenossen, besonders Wieland, nicht selten. Ebenso 228. Vgl. VI 223, wo Euripides Iptig. Auted. 1400 βαρβάρων δ' Ἕλληνας ἄρχειν εἰκός, ἀλλ' οὐ βαρβάρους übersetzt ist: *So will's die Ordnung und so sei's: es herrsche Der Grieche und es diene der Barbare*. XII 234 (Wallensteins Tod): *Es übte dieser Kaiser Durch meinen Arm im Reiche Thaten aus, Die nach der Ordnung nie geschehen sollten*.

101. erhaben hier wie 24, ebenso *wild* 17, *befleckend* 20, *niederem* 387 schmückendes (analytisches) Adjectivum, wogegen *erhaben* 324 artbezeichnend (synthetisch) ist. Die Häufigkeit ausmalender Beiwörter gehört zu den rhetorischen Elementen in dem Stile der Künstler. — *Geisterwelt:* Welt des Geistes.

102. Wie hier *Stufe* auf *Stufe* reimt, ist unten 371, 373 das Reimwort beidemal *Seelen*. Um so auffallender sind diese

rührenden Reime, als Schiller in dem Briefe an Körner 22. Januar 1789 die Bemerkung macht, *stehen* dürfe sich nicht auf *verstehen* reimen. Die gleichen Wörter dürfen es ja noch weniger. Man wird daher in den betreffenden Stellen der Künstler ein unwillkürliches Zurückgleiten des Dichters in die theoretisch schon verworfene, laxere Reimtechnik seiner Jugendgedichte zu erkennen haben.

<small>Der tadelhafte Reim 371, 384 hat den bedauerlichen Uebelstand mitverschuldet, dass in der historisch-kritischen Ausgabe 372 und 373 übersprungen worden sind. — In Gödekes verdienstlichem Verzeichnis der reichen und unreinen Reime aus Schillers Jugendgedichten (I 584) fällt auf, dass er zu letzteren auch Reime wie *fällt — Welt*, *schwärzt — Herzt*, *Waise — Reise* zählt.</small>

103. Mit diesem Vers beginnt die bis 315 reichende Schilderung der ersten Entstehung, des allmählichen Wachsthums und der culturgeschichtlichen Erfolge der Kunst. — Vgl. die 103—115, 177, 183, 184 paraphrasirende Schilderung des Menschen vor dem Erwachen geistigen Lebens im 24. Brief über die ästhetische Erziehung d. M. (X 359): *In dieser Epoche ist ihm die Welt blos Schicksal, noch nicht Gegenstand. — — Einzeln und abgeschnitten, wie er sich selbst in der Reihe der Wesen findet, steht jede Erscheinung vor ihm da. Alles, was ist, ist ihm durch das Machtwort des Augenblicks, jede Veränderung ist ihm eine ganz frische Schöpfung, weil mit dem Notwendigen in ihm die Notwendigkeit ausser ihm fehlt, welche die wechselnden Gestalten in ein Weltall zusammenbindet, und, indem das Individuum flieht, das Gesetz auf' dem Schauplatze festhält. Umsonst lässt die Natur ihre reiche Mannigfaltigkeit an seinen Sinnen vorübergehen; er sieht in ihrer herrlichen Fülle nichts, als seine Beute, in ihrer Macht und Grösse nichts als seinen Feind. Entweder er stürzt auf die Gegenstände, und will sie in sich reissen in der Begierde, oder die Gegenstände dringen zerstörend auf ihn ein, und er stösst sie von sich, in der Verabscheuung — — In dieser dumpfen Beschränkung irrt er durch das nachtvolle Leben, bis eine günstige Natur die Last des Stoffes von seinen verfinsterten Sinnen*

wälzt, die *Reflexion* ihn selbst von den Dingen scheidet, und im *Widerscheine des Bewustseins sich endlich die Gegenstände zeigen.* — In diesem Abschnitt und im weiteren Verlaufe der Dichtung begegnen beachtenswerte Parallelen und Analogien zu Kantischen Lehren, und selbst Vorahnungen der erst 1790, ein Jahr nach den Künstlern, erschienenen Kritik der Urteilskraft. Nur wird, was bei Kant Functionen des theoretischen Bewustseins oder Postulate der praktischen Vernunft sind, von Schiller dem Schönheitssinne, der ästhetischen Vernunft zugeschrieben. So macht er zuerst das Gleichmaass der Welt, d. i. die Auffassung derselben als eines gegliederten, einheitlichen Ganzen zu einem Product künstlerischer Anschauung, wie bei Kant Erfahrungseinheit durch die allgemeinen Grundsätze des Verstandes, der der Gesetzgeber der Natur ist, zu Stande kommt.

Die anakoluthische Periode 105—111 wie 151—153. Beide Male ist das Gleichnis syntaktisch selbstständig vorangestellt. Dieselbe Satzform auch in der Anfangsstrophe der Macht des Gesanges, welche ursprünglich die Künstler zu eröffnen bestimmt war.

105. *unermessen*: unermesslich. Ebenso 399 *des Geistes unermessnes Reich*, 343 *die unerweichte Parce*, 230 *der Mord auch nie entdecket* (vgl. Macht des Gesanges: *aus nie entdeckten Quellen*). Goethes Iphigenie 4, 1: *sie bewahrt der Ruhe heiliges unerschöpftes Gut*: bekannte Latinismen (incorruptus, unvergänglich; inexhaustus, unerschöpflich; invictus, unbesieglich).

106. Lange aufgespartes *nur* auch sonst bei Schiller, z. B. XII 248 (Wallensteins Tod): *Der Waffen dumpfes Rauschen unterbrach, Der Runden Ruf, einförmig nur die Stille.* Die Lesart des Mercur ist in der Ausgabe von 1803 gekürzt und, weniger deutlich, geschrieben: *nächst um ihn her mit mattem Strahl beschienen*, wogegen Schiller an anderen Stellen, 28, 310, (333) die caesurlosen Alexandriner stehen liess.

Ueber diese Koberstein III § 276 Anm. 14 (5. Auflage), wo auf Beispiele bei Gieseke, Gleim, Goetze verwiesen und von Ebert angeführt wird, dass er sie (1789) allenfalls in Oden wie Ramlers gestatten wollte. Ganz fehlt es an solchen ungelenken Versen auch in Schillers Dramen nicht, z. B. XII 65 (Piccolomini): *(macht einmal ein alter) Verdienter Kriegsmann seinen Weg. Ich bin verlegen.* Ebd. 77: *Um dieses zu bewachen — Diesen Illo fürcht' ich.* Einmal hat auch Lessing einen caesurlosen Alexandriner stehen lassen, Nathan d. W. 2, 8: *(Was hab ich nicht) Von Euch gesagt, gelogen, um es abzuwenden,* wogegen er 5, 5: *Was haltet Ihr für einen Engel da gebildet* im zweiten Druck des Stückes in *Welch einen Engel haltet Ihr gebildet* und ebenso 5, 7: *Betrieger selbst! denn alles ist an dir erlogen* in *Betrieger selbst! denn alles ist erlogen An dir* geändert hat. — Reguläre Alexandriner sind, wie man weiss, sporadisch in allen Stücken Schillers anzutreffen. Selbst bei ihm, der von allen Dichtern des Zeitraums dem vorclassischen Verse am fernsten stand und niemals zusammenhängenden Gebrauch davon gemacht hat, lässt sich beobachten, wie eine anderthalbhundertjährige Technik stärker war als Theorie und Antipathie des Einzelnen, wie allmählich das festgewurzelte Maass wich, wie es gleichsam noch in der Hand der es befehdenden Generation lag. Vgl. über Veralten und Erlöschen der Alexandrinerpoesie die anziehende Darstellung Michael Bernays', zur Entstehungsgeschichte des Schlegelschen Shakespeare S. 116 ff.

112. *Der Begierde blinde Fessel.* 183. *der Tierheit dumpfe Schranke.* Versetzung des Adjectivs (Hypallage) gehört zu den Figuren, welche Schiller der antiken Dichtersprache mit Vorliebe entnommen hat. Vgl. Cassandra: *Jubelhymnen hört man schallen In der Saiten goldnes Spiel.*

> Mit welcher Weisheit er dabei, wie in der Nachbildung der Prolepse (s. zu 320) und Metonymie in eigener Dichtung und beim Uebersetzen verfahren, zeigt Hertzberg, Preussische Jahrbücher 13, 241. Derselbe bestimmt richtig (Einleitung zu seiner Uebersetzung der Aeneis XV) die Bedeutung der Hypallage dahin, dass sie die grelle Schärfe des logischen Begriffs ermässigen, die Vorstellungen verschmelzen, die Farbenlichter gleichsam vertreiben soll, wodurch das Bild zwar weniger klar, dafür aber sanfter werde.

115. *die schöne Seele der Natur.* 180. *die freie schöne Seele.* Vgl. V 1, 74 (Don Carlos): *Wie entzückend Und süss ist es, in einer schönen Seele Verherrlicht sich zu fühlen.* In dieser, besonders bei Wieland häufigen, Zusammenstellung mit *Seele* ist *schön* in ab-

geschwächtester Bedeutung und fast völlig unbezeichnend gebraucht. Etwas inhaltsreicher steht es unter 464: *Was schöne Seelen schön empfunden*, doch auch da noch weit entfernt von dem prägnanten Sinn, in welchem der Ausdruck *schöne Seele* sechs Jahre später gleichzeitig bei Goethe (Wilhelm Meister) und bei Schiller (über naive und sentimentalische Dichtung) erscheint und die harmonische Ruhe eines ethisch gestimmten Naturells bezeichnet. Wie die, wohl dem Französischen entnommene, Verbindung allmählich gehaltvoller wurde und eine fixirte Bedeutung, einen neuen Begriff gleichsam gesucht hat, ist aus Wielands Aufsatz: *Antwort auf die Frage, was ist eine schöne Seele?* (Werke 42, 53) zu ersehen, wo *schöne Seele* noch nichts Bestimmteres bedeutet als tugendhafte, grossmütige Seele. S. auch zu 438.

117. Schlegel (a. a. O. S. 12): *die Schatten der Seele der Natur werfen auf diese schöne Stelle einen Schatten der Undeutlichkeit. Wenn ich den Gedanken des Dichters anders recht fasse, so würden Strahlen oder andere zarte Ausflüsse ihn besser bezeichnet haben.* Götzinger: *die verwandten Formen oder die zunächstliegenden? Gewiss nicht; die nachbarlichen Schatten sind die sich abschattenden Formen, welche die Naturgegenstände immer begleiten.* Vichoff: *Ihr greifet die Formen, die Gestalten derselben, und zwar zunächst die einander benachbarten auf und suchtet sie harmonisch zu verbinden.* Düntzer: *Die nachbarlichen Schatten können nur die einzelnen Theile des Schattens desselben Gegenstandes sein, die einander nahe liegen, im Gegensatz zu den Schatten verschiedener Gegenstände, die von einander entfernt sind. Der Ausdruck ist freilich sonderbar.* (!) Vielmehr sind die *nachbarlichen Schatten* 117 nichts anderes als das *streitende Gestaltenheer* 107. Die Künstler haben die zuvor chaotische Wahrnehmungsmasse gelichtet und geordnet. Schatten = Formen ist Schillerscher Gebrauch. (So hatte das Gedicht *Ideal und Leben* ursprünglich die Ueberschrift *das Reich der Schatten*, dann *das Reich der Formen*.) *Nachbarlich: ganz nahe, gedrängt.* XI 77 (Spaziergang): *Nachbar-*

lich wohnet der Mensch noch mit dem Acker zusammen. — Erst 121 wird der Gedanke fortgeleitet und Nachahmung empirischer Naturgegenstände als erste Betätigung künstlerischen Bildens bezeichnet.

118. *mit zartem Sinn*: mit Schönheitsgefühl, ästhetischem Instinct wie 47; *mit stiller Hand*, katachrestisch die contemplative Vertiefung bezeichnend. — *gatten*, in Wielands Vers-Sprache fast stehender Ausdruck für verbinden, hatte offenbar für die sprachliche Empfindung der Zeit seine metaphorische Kraft eingebüsst. Auch das abundirende *zusammen* vor *gatten* spricht dafür, dass die Poesie des Wortes schon erloschen war. Schiller verwendet es in der unterschiedslosen Weise Wielands nur in den früheren Schriften und Dichtungen.

121. X 371 (über d. ästh. Erziehung d. Menschen): *Gleich so wie der Spieltrieb sich regt, der am Scheine Gefallen findet, wird ihm auch der nachahmende Bildungstrieb folgen, der den Schein als etwas Selbstständiges behandelt. Sobald der Mensch einmal so weit gekommen ist, den Schein von der Wirklichkeit, die Form von dem Körper zu unterscheiden, so ist er auch im Stande, sie von ihm abzusondern, denn das hat er schon gethan, indem er sie unterscheidet.* Dem *Bildungstrieb* an dieser Stelle entspricht *Bildkraft* 133.

123. *gefällig*: wolgefällig. Gegen Viehoffs Erklärung: dem Künstler hilfreich, spricht, von Anderem abgesehen, schon der Parallelismus der Wortfolge 121 und 123.

124. *die hüpfende Gestalt*. Die Wogen spiegeln die Gestalt bewegt, hüpfend wieder. Dem bei logischer Analyse zum Verbum gehörenden Adjectiv, gibt die dichterische Sprache die anschaulichere Function eines Attributes. Ebenso 205 *die verschämtere Begierde* und *schönere* 416 und 419. Sehr häufig sind solche adverbiellen oder doch prädicativen Attribute bei lateinischen Dichtern (z. B. Ovid met. II 419: *exuit hic humero pharetram, lentosque retendit Arcus*, ebd. 674: *utque precando Tem-*

pora cum blandis consumpsit inania verbis), denen sie Schiller, mehr noch Goethe nachgebildet haben.

134 hebt Schlegel als sehr vortrefflich hervor, ohne an der logisch incorrecten Negation, welche von den späteren Commentatoren hart gescholten wird, Anstoss zu nehmen. Für den mit den syntaktischen Gewohnheiten, besonders dem Negationsgebrauch damaliger und überhaupt älterer Zeit Vertrauteren verliert das *nicht* vor *müssig* in der That alles Auffallende und Viehoff hätte sein Urtheil: undeutsch dem Dichter und seinen Lesern ersparen sollen. Die, abstract logisch betrachtet, falsche Verneinung, zeigt den Gedanken noch im lebendigen Fluss seiner Bildung, lässt noch die anfängliche Selbstständigkeit der zu einem Satz verschmolzenen, unter ein grammatisches Gesetz gebrachten Vorstellungen erkennen: *ihr wart schon zu edel* und *ihr empfinget nicht mehr müssig.* S. auch zu 320.

Aehnliche unlogische, doch darum nicht sprachlich unrichtige Negationen haben, wie bekannt, in den romanischen Sprachen niemals aufgehört, Gesetz zu sein. Im Deutschen bezeichnet die Sprache Lessings, Schillers, Goethes (in dieser Reihenfolge) den Uebergang zu der gegenwärtig giltigen Syntax.

125. Plastische Künste sind, wie Viehoff, Schlegels Tadel dieses Verses entkräftend, mit Recht bemerkt, nicht gemeint, nur Umrisszeichnungen im Sande und in Thonflächen. Erst die folgende Strophe lässt Werke der Bildnerei und Baukunst, dann der Musik und Poesie entstehen.

144. *des Reizes ausgeforschte Schätze:* die erkannten Geheimnisse, Ursachen des Wolgefallens. — *Reiz* noch nicht auf den engeren und untergeordneteren Bedeutungskreis beschränkt, den das Wort in der gegenwärtigen ästhetischen Terminologie hat, bezeichnet das Schöne im weitesten Sinne. Ebenso 260 und 277.

Wie 143 *wunderwirkend,* gebraucht Schiller gern auch *wundervoll,* noch in kräftig-vollem Wortsinne. So V$_1$ 157, V$_2$ 266 (Don Carlos): *Beim wundervollen Gott nicht! Wahrheit, Wahrheit!* XI 394 (Siegesfest): *Wundervoll ist Bacchus Gabe.* XII 422 (Maria Stuart): *Des Himmels wundervolle Rettungshand Glaub' ich in dieser Fügung zu erkennen.* —

Fühlung mit der älteren Sprache zeigt Schiller in der Leichtigkeit der Composition mit dem adverbiell steigernden *wunder*. Gödeke verzeichnet aus den Jugendwerken: *wundergross, wunderherrlich, wunderviel, wunderhübsch, wunderseltsam*.

147. *Der Obeliske stieg* ist poesiegemässer als: *der Obeliske stieg empor*. Letzteres ist zwar auch dichterisch belebend und activ machend, doch ist es eindruckslos gewordene Poesie der Sprache, jenes ist Sprache der Poesie. (Lessings Gesetz hat Schiller genial erfüllt, denn ebenso bewunderungswürdig wie seine ausnahmslose Befolgung desselben ist die Einfachheit der Mittel, die er dazu anwendet, um ihm gerecht zu werden. Vgl. in den Kranichen des Ibycus: *wächst der Bau Mit weiter stets geschweiftem Bogen Hinauf bis zu des Himmels Blau*. S. auch zu 10.)

149. *des Waldes Melodie*: der Gesang der Waldvögel.

Haberrohr. Mitteldeutsche Quellen des 15. Jahrhunderts haben haffer (DW. 4, 2, 78), welches seit dem 17. Jahrhundert allmählich in die Schriftsprache eindrang. Schottelius und Frisch geben nur Haber, und so schrieben auch Lessing, Bürger, Fichte, Goethe u. a. Seit dem Ende des 18. Jahrhunderts ist Hafer vorherrschend geworden. J. Grimm schrieb stets Haber (Andresen, die Sprache J. Grimms S. 36) und in dieser Form ist das Wort auch im DW. angesetzt. O. Jänicke über die niederdeutschen Elemente in unserer Schriftsprache S. 15.

151—164. Auf die erste, Einzelgegenstände der Wirklichkeit nachbildende Kunst lässt Sch. als zweite Stufe Verbindung von Einzelwerken zu einem symmetrischen Ganzen folgen, für welche Vorstellung vielleicht eine logische Analogie das Motiv geboten hat, sofern von der unmittelbaren Anschauungserkenntniss die künstlichere mittelbare, durch Urteilsverbindungen zu gewinnende, sich unterscheiden lässt. In jedem Fall ist beachtenswert, dass diese zweite Kunst nicht mehr empirisch begründet wird und das Princip der Nachahmung, welches (auf der, wie es scheint, misverstandenen aristotelischen μίμησις beruhend) die ästhetischen Theorien des 18. Jahrhunderts beherrschte, hier nur für die Erklärung der ersten Genesis der Kunst Verwendung findet. — *Auswahl*, im Sinne und vermutlich auch nach Massgabe des französischen élite, wie Sch. das Wort auch einmal in der Geschichte des Abfalls der Niederlande gebraucht. — Zu 157—164 wie zu 174—178 vgl. seine Erklärungen im Briefe an Körner 30. März 1789.

169 *geselligeren*, 175 *ruhigeren*, 278 *entlegenere*, 424 *üppigeren* mit dem zweiten Accente auf der vorletzten Silbe. Dieselbe Betonung auch in späteren Dichtungen, z. B. XII 305 (Wallensteins Tod): *unglücklichere Mutter* und in der Glocke: *noch köstlicheren Samen*, wogegen Fälle wie V_1 183 = V_2 284 (Don Carlos): *die Wahl des Cabinets aufmerksamer zu prüfen*, wo nicht, wie in jenen Beispielen, das Tongewicht der Silbe durch eine folgende tonlose Endsilbe relativ zunimmt, in Schs. späterer Versification, von dem unglücklichen Vers in Wilhelm Tell (XIV 318) *in den einsamen Sennhütten kehr ich ein* abgesehen, sich nicht werden nachweisen lassen.

> 172—173. *die, so lang der Sänger sprach, aus seinen Hörern Helden machten* finden eine Illustration in Goethes Künstlers Morgenlied (1776. Gedichte II 185 der Hempelschen Ausgabe): *Und wenn er* (Homer) *ins Getümmel mich von Löwenkriegern reisst Und Göttersöhn' auf Wagen hoch Rachglühend stürmen an — — Da greif' ich mutig auf, es wird Die Kohle zum Gewehr Und jene meine hohe Wand In Schlachtfeld-Wogen braust.*

174—178. Die Einsicht in die hier geschilderte psychische Wirkung des Schönen, die Feststellung des Begriffes eines ästhetischen Gemütszustandes bezeichnet den Wendepunkt der ästhetischen Theorien der neueren Zeit. Nachdem Addison, Shaftesbury, Hutcheson die Erkenntnis künstlerischer Empfindung in ihrem eigentümlichen Wesen vorbereitet hatten, sprach Burke das entscheidende Wort und betrat die Bahn, welche zur Kritik der Urteilskraft führte. Der deutschen Wissenschaft hat den von Burke fixirten Begriff einer reinen, zweck- und leidenschaftslosen Beschaulichkeit Mendelssohn vermittelt, namentlich in der Rhapsodie über die Empfindungen, dann auch in den Morgenstunden, wo er neben Erkenntnis- und Begehrungsvermögen als drittes ein Billigungsvermögen stellt und es als unterscheidendes Merkmal der

Schönheit bezeichnet, dass sie mit ruhigem Wolgefallen (vgl. 175) betrachtet wird, dass sie gefällt, wenn wir sie auch nicht besitzen (176—177). Vgl. neben Hettner III 2, 222 besonders G. Kanngiesser, die Stellung Moses Mendelssohns in der Geschichte der Aesthetik S. 100.

179—315 zeigen die culturgeschichtlichen Grosstaten der Kunst, ihre schöpferischen Einwirkungen auf Gemüts- und Erkenntnisleben der Menschheit. Die Strophe 179—196 stellt Erwachen geistigen Lebens überhaupt, 196—207 Veredlung der Geschlechtsliebe, 210—219 Reinigung des Gottesglaubens, 220—236 ethisches Welt- und Lebensverständnis, 237—253 den Unsterblichkeitsglauben, 275—285 Erweiterung wissenschaftlicher Erkenntnis als Ausflüsse des ästhetischen Sinnes dar; die diesen Hauptteil der Dichtung abschliessende Strophe 286—315 schildert das Ideal des ästhetischen Menschen.

179. In *Sinnenschlaf* erklärt das erste Compositionsglied das zweite, (wie sonst ein Genitiv); die Sinne, das sinnliche Leben wird als Schlaf (der höheren Vermögen) bezeichnet. In gleicher Bedeutung sagt Sch. auch der *sinnliche Schlummer*.

180. *Frei* und *schön* haben ungleiche Beziehung zum Substantiv. S. zu 115.

183. *der Tierheit* erklärt den bildlichen Ausdruck *dumpfe Schranke*; s. zu 69 und 112.

Zu 184 vgl. XII 300 (Wallenstein zu den Kürassieren): *Wie ihr euch selbst zu fassen angefangen Im rohen Handwerk, wie von euren Stirnen Der menschliche Gedanke mir geleuchtet, Hab' ich als freie Männer euch behandelt.* — Tierheit und Menschheit ist abstract (Menschentum, das Menschliche) zu verstehen.

<small>Die concret-allgemeine Verwendung von *Menschheit* (Menschengeschlecht, die Menschen) ist in der Sprache des 18. Jahrhunderts und des beginnenden gegenwärtigen die bei Weitem seltenere. Lessing, Wieland, Herder, Kant, Goethe gebrauchen Menschheit fast ausschliesslich im Sinne von Menschentum und haben für Menschheit im Sinne der</small>

jetzigen Sprache (dessen abstracter Gebrauch gegenwärtig ganz sporadisch ist und überall gelehrtes Sprachgefühl verrät) Menschengeschlecht, Menschenrace, die Menschen u. a. Daher *Erziehung des Menschengeschlechts* (Lessing), *Anfang der Menschengeschichte* (Kant), aber *Grenzen der Menschheit* (Goethe), *Höhen, Tiefen, Würde der Menschheit* (Schiller). Auch der im Aufklärungsjahrhundert wurzelnde, vielgebrauchte Ausdruck *Fortschritte der Menschheit* bezeichnet Wachstum des eigentümlich Menschlichen, Vervollkommnung im Menschsein, wie es direct aus Wielands Aufsatz über das Verhältnis des Angenehmen und Schönen zum Nützlichen (42, 111) erweislich ist. — Die im Mhd. so beträchtliche Anzahl wie Menschheit gebildeter Substantiva ist in der gegenwärtigen Sprache auf ein schwaches Häuflein zusammengeschwunden, und auch die vorhandenen haben zum Teil ihren abstracten Sinn eingebüsst. Noch in den letzten Jahrzehnten des vorigen Jahrhunderts machte man mit unbefangenem wenn auch nicht immer glücklichem sprachlichen Mute solche Wörter, und zuletzt hat die Hegelsche Begriffsphilosophie ihre Prägung begünstigt (wie im Altertum der Platonismus Bildungen auf ὅτης). — Angesichts der bezeichneten Bedeutungsveränderungen hat man sich vor unrichtigen Auffassungen auch bekannter Stellen zu hüten, z. B. bei den Worten aus dem Wallenstein-Prolog: *Nur der grosse Gegenstand vermag Den tiefen Grund der Menschheit aufzuregen*, d. h. nur ein grosses Beginnen setzt das Tiefste der menschlichen Natur in Bewegung. Ebenso, wenn es in Faust heisst: *der Menschheit ganzer Jammer fasst mich an*, ist zu fürchten, dass unter dem Einfluss heutigen Sprachgefühls ganz fälschlich zu Menschheit gezogen und danach umpretirt wird. Schwerer schon ist Fausts *das Schaudern ist der Menschheit bester Teil* miszuverstehen, womit man die Schillersche Parallelstelle V₁, 71 (Don Carlos): *die ewige Beglaubigung der Menschheit sind ja Tränen* und das antike Original zu beiden Versen Juvenal sat. XV 133: *haec (lacrimae) sensus pars optima nostri* zusammenhalten möge.

184. Die Entwölkung der Stirn bezeichnet den Eintritt der Menschheit. S. zu 320.

186. Nach Plato fängt alles Forschen mit dem ϑαυμάζειν an, dem Entdecken der Probleme.

187. Ovid. metam. II 75—76 *os homini sublime dedit caelumque tueri Jussit et erectos ad sidera tollere vultus* hatte Schiller schon zum Motto seiner medicinischen Dissertation (1780) gewählt.

Wenige Jahre vor dem Entstehen der „Künstler" hatte Herder im vierten Buch der Ideen (1784) die aufrechte Gestalt als das unterscheidende Merkmal des Menschen und als die Bedingung aller höheren menschlichen Entwickelung mit emphatischer Ausführlichkeit behandelt und Sprache, Freiheit, Schamgefühl, Liebe, Gerechtigkeit, Wolanständigkeit, Religion und Unsterblichkeitsglauben als *Sprossen der Humanität der aufgerichteten Bildung* bezeichnet (vgl. Kants Recension der Ideen IV 171 — 191 ed. Hartenstein).

190. VI 8 (die Priesterinnen der Sonne, 1788): *Seht ihr der Seele Widerschein In schönen Blicken leuchten, Und Tränen süsser Sympathie, Entlockt durch süsse Harmonie, Ihr sprechend Auge feuchten.*

> Pott (etymol. Untersuchungen S. 185) erkennt in dem leuchtenden Auge das Motiv für die griechische Benennung des Menschen: ἄνθρωπος. Ist dem so, so würde auch hier, wie so häufig, die Sprache neuerer Poesie mit der Poesie einer älteren Sprache sich berühren.

201—209 werden von den Erklärern irrig interpretirt, da sie verkennen, dass 204—206 das Hirtenlied, die bukolische Liebesdichtung characterisiren, 207—209 dagegen deren beschwichtigende und vergeistigende Wirkung auf die Hörer schildern. — Die Begierde zu Liebe läuternde Kraft des ästhetischen Triebes schildert Sch. auch X 380 (über d. ästhet. Erz.): *Eine schönere Notwendigkeit kettet jetzt die Geschlechter zusammen, und der Herzen Anteil hilft das Bündnis bewahren, das die Begierde nur launisch und wandelbar knüpft. Aus ihren düstern Fesseln entlassen, ergreift das ruhigere Auge die Gestalt, die Seele schaut in die Seele, und aus einem eigennützigen Tausche der Lust wird ein grossmütiger Wechsel der Neigung. Die Begierde erweitert und erhebt sich zur Liebe, so wie die Menschheit in ihrem Gegenstand aufgeht, und der niedrige Vorteil über den Sinn wird verschmäht, um über den Willen einen edleren Sieg zu erkämpfen.* (Die Worte: *so wie die Menschheit in ihrem Gegenstand aufgeht* bedeuten dem zu 183 Bemerkten zufolge:

sobald ihr in ihrem Gegenstand der menschliche Gehalt offenbar wird, sobald sie im Menschen den Menschen erkennt.)

210—212. Die Frage nach der Entstehung der griechischen Götter-Ideale wurde im Zeitalter der „Künstler" viel behandelt und verschieden beantwortet. Winckelmann lässt (in seiner Erstlingsschrift: Gedanken über die Nachahmung der griechischen Werke in der Malerei und Bildhauerkunst, 1755) die Nachahmung des Schönen in der Natur die Bemerkungen aus verschiedenen einzelnen Vorwürfen sammeln und sie in eins bringen und auf diesem Wege idealische Bilder des Schönen entstehen. Lavater (physiognomische Fragmente Bd. 3, 1777) leitet das Ideal aus Zusammenschmelzung gesehener Wirklichkeiten zu einem homogenen Ganzen her, Wieland (in den durch Lavaters Aufsatz veranlassten und für einige Stellen der „Künstler" massgebenden Erörterungen über die Ideale der griechischen Künstler, Werke 24 S. 131) classificirt die griechischen Bildhauer nach der Entstehungsweise ihrer Ideale und unterscheidet die durch künstlerische Begeisterung aus der Imagination, der dunklen Werkstätte geheimer Kräfte, gebildeten Ideale (des Phidias) von den durch Nachahmung (Demetrios) und den durch Zusammenschmelzung (Lysippos) gewonnenen. Diesen Gedanken einer Combination einzelner Vollkommenheiten sprechen Vers 210—212 aus. Die Vorstellung eines solchen künstlerischen Eclecticismus ist antik, die Urstelle vielleicht Ilias II 478. — (Zur Sache ist zu bemerken, dass die griechischen Götter-Ideale vielmehr so entstanden zu sein scheinen, dass von der dem Gotte eigentümlichen Charaktereigenschaft aus die ganze Gestalt desselben entworfen und zu dem significanten, die Idee tragenden Teile die übrigen Formen nach den organisch notwendigen Gesetzen der Natur hinzugebildet wurden, vgl. Brunn, Geschichte der griechischen Künstler 1, 798).

211. In *der Edeln Grazie* vermisste Schlegel Concinnität mit den vorangehenden Verbindungen, und Düntzer spricht sogar von Reimnot. Das Wort steht aber hier in dem älteren

und allgemeineren Sinn des Edeln, Wolgefälligen überhaupt, wie 330 und wie noch unzweifelhafter IV 48 (Philosophische Briefe, 1786): *Wie kann das Aufhören meines Daseins sich mit Bereicherung meines Wesens vertragen? Die Voraussetzung von der Unsterblichkeit hebt diesen Widerspruch, aber sie entstellt auch für immer die hohe Grazie dieser Erscheinung (nämlich die Selbstaufopferung).*

Als Schönheit in der Bewegung hat *Grazie* zuerst Home in den elements of criticism (1762—1765) gefasst und Mendelssohn den Begriff in die Sprache der deutschen Aesthetik eingeführt. Das Wort überhaupt hat im Deutschen zuerst Winckelmann appellativ gebraucht, wie wenigstens Herder (in dem ungedruckten zweiten Teile des Texts zu einem Denkmal für Thomas Abbt, deren Mitteilung der H. der Güte B. Suphans verdankt) zu meinen scheint: *Ein Winckelmann, weise und rein in seiner Schreibart, wie ein Grieche — und wie? hat er nicht doch in seinen Schriften griechische, lateinische Wörter, ja selbst italienische Redarten annehmen müssen, wo es auf Charakter, auf eigentliche Art, auf einen Kunstgriff des Unterrichts, ankam? An alle Wörter, die Namen sind, nicht zu gedenken: so rede für mich sein Ideal und seine Grazie der Schönheit.*

213. *In Glorie stellen* auch XII 484 (Maria Stuart): *Wenn sie deine Schönheit Erblickt, durch Ehrbarkeit bewacht, in Glorie Gestellt durch einen unbefleckten Tugendruf.* Im Uebrigen dürfte die Wendung kaum nachweisbar sein, ausser in Körners Brief an Schiller vom 9. Mai 1801: *Der Stoff* (der Jungfrau v. O.) *ist nun von seinen Schlacken gesäubert und von der Phantasie in eine Glorie gestellt*, wo jedoch ein Reflex Schillerschen Ausdrucks anzunehmen sein wird. — Der Artikel ist auf Körners Vorschlag hinzugefügt worden. — Gewichtlose Endungsreime (en, heit, tum, us), in der Versification der Zeit allgemein üblich, namentlich bei Wieland, so *Grazien* selbst mehrfach in den Gedichten an Olympia (1781), z. B.: *Ihr huldigten mit einer Blumenkette Umschlungen von den Grazien Die Musenkünste in die Wette Und alle milden Tugenden.*

214—215. *Unbekannten* neutral; *seinen:* seinen eignen, *erbebte* plusquamperfectisch (wie 159 *trug*).

216. *brennen*, nach französischer Weise mit zu und Infinitiv verbunden auch VI 166 (Iphigenie): *Ist jene Zeit dir noch Erinnerlich, da du der Griechen Führer In den Trojanerkrieg zu heissen branntest*, wo dem ἐσπούδαζες des Originals in Schillers französischer Vorlage ohne Zweifel *brûler* entsprach.

218. *Urbild alles Schönen* vgl. Wieland a. a. O. Cap. 10: *Der Einzige vielleicht, von dem wir mit dem höchsten Grade von Gewissheit, der in solchen Dingen stattfindet, sagen können, dass seine Götterbilder aus der erhabensten Begeisterung, aus einem wahren Aufflug zu dem unvergänglichen Urbilde der Schönheit entstanden seien, war Phidias.*

> „*Wie sich Lucian in seinem Charidemus ausdrückt*", merkt Wieland zu den Worten *Urbild der Schönheit* an. Er kann dabei nur die Stelle im Sinn gehabt haben: σχεδὸν δ᾿ ὡς εἰπεῖν πάντων τῶν ἐν ἀνθρώποις πραγμάτων ὥσπερ κοινὸν παράδειγμα τὸ κάλλος ἐστί. (ed. Dindorf LXXVIII 25).

219. *in der Natur*: nicht darum, wie Viehoff meint, vom Dichter hinzugesetzt, weil mit dieser Vorstellung sich auch die ganze Ansicht der Natur änderte. *In der Natur* ist nichts anderes als *in der Wirklichkeit*. In diesem weitesten Sinne des Gegensatzes zu Kunst begegnet das Wort in den ästhetischen Schriften dieser Zeit häufig. So auch 225 und 278. Vgl. Lessing, Laocoon III: *Aber eben darum beleidiget uns die in der Kunst fortdauernde Unentschlossenheit der Medea so wenig, dass wir vielmehr wünschen, es wäre in der Natur selbst dabei geblieben.* S. auch zu 371.

220—228. Körner an Schiller 18. Februar 1789: *Gefühl für Schönheit ist es, was das Chaos der Erfahrungen ordnet und zur Ergänzung der Lücken auffordert*. Schlegel (a. a. O. S. 17): *Das Rad der Begebenheiten rollt auf der Schaubühne wie auf der Bühne der wirklichen Welt, nur schneller. Der Dichter beut dem Zuschauer hier den Faden, um sich hindurch zu finden, der ihm im Gewirre des Weltlaufs so leicht entschlüpft.* Vgl. Lessing, Dramaturgie 79. Stück: *Das Ganze dieses sterblichen Schöpfers sollte ein Schatten-*

riss von dem Ganzen des ewigen Schöpfers sein. Der (dramatische und lyrische) Dichter (207) bringt nach ästhetischem Gesetz (223) anschaulichen Zusammenhang (228) in den von der Wirklichkeit (225) gebotenen Stoff, in Leidenschaft (220) und Schicksal (221) ethisches und natürliches Menschenleben (222). — *der Ordnung leicht gefasstes Glied* (s. zu 100): ein anschaulicher (und darum erschütternder, 229) Vollzug der sittlichen Idee. — *Glück* 221 nach älterem Sprachgebrauch in gutem und bösem Sinn. Vgl. Tasso 4, 1: *Es raubt sie nicht Die Zeit, das Schicksal noch das wilde Glück*, Goethe, das Göttliche: *Auch so das Glück Tappt unter die Menge* etc.

229. *Eumenidenchor.* W. v. Humboldt schliesst (Briefwechsel mit Sch. S. 20) aus dieser Stelle, dass der Stoff der Kraniche des Ibycus dem Dichter schon acht Jahre vor der Entstehung der Ballade vorgeschwebt habe. Viehoff, der diesen Schluss mit Recht beanstandet, sieht in den Versen aber wenigstens den Beweis, dass Sch., als er sie schrieb, mit dem Aeschyleischen Eumenidenchor bekannt war. Zwingend jedoch ist auch dieser Beweis nicht, so wahrscheinlich an sich ist, dass Schiller, der sich 1788 mit der Uebersetzung des Agamemnon beschäftigte (Brief an Lotte 4. December 1788 vgl. L. Hirzel über Sch's. Beziehungen zum Altertum S. 24), auch den Eumeniden nicht fremd war. Erinnerung an die Furienerscheinung im euripidischen Orestes oder deren Erwähnung bei Juvenal (XIV 283: *ille sororis In manibus vultu Eumenidum terretur et igni*), oder an die Furien in Glucks Iphigenie in Tauris kann die Stelle der Künstler ebenso natürlich veranlasst haben. — *Chor* bedeutet bei Schiller nicht notwendig Gesangchor. Vgl. 346: *der Sorgen schauervollen Chor;* XI 289 (Bürgschaft): *Da zertrennt er gewaltig den dichten Chor.*

<small>Das *vultu Eumenidum terretur et igni* aus Juvenals pädagogischer, im vorigen Jahrhundert öfter übersetzter und variirter Satire darf mit den Worten: *vom Eumenidenchor geschrecket* vielleicht um so unbedenklicher zusammengestellt werden, als noch ein anderes Motiv derselben Satire den Gedanken an eine Schillersche Parallele dazu unabweisbar erscheinen lässt. Man vergleiche Juvenal XIV 173: *nec*</small>

plura cenena Miscuit aut ferro grassatur saepius ullum Humanae mentis vitium quam sacra cupido Immodici census mit V_3 146 (Don Carlos): *Doch hab' ich immer sagen hören, dass Geberdenspäher und Geschichtenträger Des Uebels mehr auf dieser Welt gethan Als Gift und Dolch in Mörders Hand nicht konnten* und erinnere sich des oben zu 183 Bemerkten.

232. *der Weisen:* der Weltweisen, der Philosophen. — *Ilias* ist appellativ. — *Rätselfragen* vgl. *Rätselknoten* in Goethes westöstlichem Divan S. 289 der Loeperschen Ausgabe.

235—236. Das kunsterfüllte Auge schaute Planmässigkeit und Gerechtigkeit in die wirkliche Welt hinein. — Nur völliger Unempfindlichkeit für dichterische Sprache ist es erlaubt, die Verse wunderlich zu finden. Sie sind im Gegenteil durch Poesiegemässheit des Ausdrucks ausgezeichnet. *Still:* unvermerkt, von selber. *wandelte:* wurde hineingetragen, *von Thespis Wagen:* aus der Tagödie, *die Vorsicht:* der Vorsehungsglaube.

247—252. Diese und die nächstfolgenden Strophen bezeichnen wie die architektonische Mitte der Dichtung, so auch ihre ideelle Höhe. — Schiller an Körner a. a. O.: *Die Unsterblichkeit ist ein Product des Gefühls für Ebenmaass, nach dem der Mensch die moralische Welt beurteilen wollte, ehe er diese ganz überschaute.* Die ästhetische Bewältigung der Wirklichkeit war nicht vollständig (238), so lange nicht der durch die Tatsache vorzeitigen Todes gestörte Einklang von Wollen und Vollbringen, Gesinnung und Schicksal, wiederhergestellt war. *Indem der Dichter das, was nur Lehre war, in Tat, in heroische Tat verwandelt* (244), *hat er die Sache ins Grosse und Wunderbare hinübergespielt* (Schlegel a. a. O. S. 18). — Schillers Begründung der Annahme eines jenseitigen Lebens ist das ästhetische Gegenstück zu Kants genau gleichzeitiger Lehre von der Unsterblichkeit der Seele als einem Postulate des sittlichen Bewustseins (Kritik der praktischen Vernunft. 1788. Werke ed. Hartenstein V 128), sie berührt sich ebenso auch mit Lessings pädagogischer Seelenwanderungshypothese und mit Herders teleologischem Beweise einer persönlichen Fortdauer aus der Notwendigkeit einer dereinstigen Vollendung der menschlichen Geistesentwickelung (die Stellen bei Zeller, Geschichte der deutschen Philosophie S. 538). Innerhalb der systematischen Philosophie des Zeitalters endlich erinnert an Schillers dichterischen Gedanken die religiöse Bedeutung, welche Fries dem Schönheitsgefühl, der ästhetischen Betrachtung der Dinge beilegt (Zeller a. a. O. S. 537).

250. *Pollux*, dem unsterblich gebornen der Dioskuren, gibt der Dichter das Attribut des Todes als Hinweis auf das jenseitige Leben. — *Bild* nach älterem Sprachgebrauch = Gestalt, Person. vgl. XIV 122 (Braut von Messina): *Der Hass versöhnt sich und das schöne Mitleid, Neigt sich ein weinend Schwesterbild mit sanft Anschmiegender Umarmung auf die Urne.*

252. *des Mondes* erklärender Genitiv, s. zu 34. — Mit dem Schatten ist der neben der leuchtenden Sichel schon sichtbare, schwach beleuchtete übrige Teil des Mondes gemeint, vgl. Sch's. eigene Erklärung a. a. O. Die dort erwähnte Stelle aus Ossian hat Boxberger in den Worten des Gedichtes Luthullin: *death stands behind thee like the darkened half of the moon behind its growing light* nachgewiesen. — *ehe* setzt ein ellipsisches *sichtbar* voraus. — *eh' sich der schöne Silberkreis erfüllt*, vgl. VI 187 (Iphigenie): *Wenn der segensvolle Kreis Des Mondes wird vollendet sein*, Eurip. I. A. 716: ὅταν σελήνης εὐτυχὴς ἔλθῃ κύκλος. — Von dem unauflöslichen Dunkel, welches Düntzer in der wundervollen Strophe entdeckt hat, ist nichts zu bemerken.

255. *Genie:* schöpferisches Vermögen. — Als das Wort um die Mitte des Jahrhunderts in Deutschland eingebürgert wurde, gebrauchte man es in dieser Bedeutung bald als masculinum, bald als neutrum, jenes z. B. Wieland (mehrfach in der erwähnten Schrift über die Ideale d. gr. K.), dieses Lessing. Dagegen scheint *Genie* im Sinn des mit Genie Begabten nie anders als neutral gewesen zu sein. Das Masculinum wurde später aufgegeben, und man sagte fortan *das Genie* von der Sache sowol

wie von der Person. — Wie das Genus des Wortes, schwankte auch seine Schreibung, Schenie (wie scheniren u. s. w.) ist nicht selten.

<small>Ueber Einführung und frühesten Gebrauch des Wortes, erste Definitions- und Uebersetzungsversuche vgl. Literaturbriefe bes. Teil VI. Brief 92 und 98. Auch an eine Aeusserung Klopstocks sei hier erinnert. In dem grammatischen Gespräche: der zweite Wettstreit (1796. Werke IX 273) heisst es: *Wer hat die Henriade gemacht? — Voltaire. — Wer ist das? — Ein französischer Dichter, welcher das starke Wort Genie unter seiner Nation einführte, damit, wer von seinen Werken redete, sich richtig ausdrücken könnte. Den Franzosen war gleichwol zu La Fontaines und Molièrens Zeit, esprit oder Geist genug gewesen. Die Alten, denen es mehr auf die Sache als auf das Wort ankam, begnügten sich, wenn sie vom Genie sprachen, der Grieche mit phya oder Natur und der Römer mit ingenium oder Angebornes. Der dankbare Deutsche hat sich mit Gabe bis zu der Zeit begnügt, da die Kraftmänner aufgetreten sind, und Genie gehabt haben. Es sollen indess hier und da noch Deutsche sein, denen das Wort Gabe nicht mistönet.*</small>

259. *dient unterwürfig*: wird Teil. Mit gleicher Personificirung 263 *schweigen* (Goethe, Iphigenie 1, 3: *Und schweigt in ihrer Brust die rasche Glut*) und 265 *sich neigen*, nur dass letzteres zugleich, unbildlich verstanden, auf die sitzende Haltung des Phidiassischen Zeus anspielt. (Schiller an Körner a. a. O.)

261. Anstatt *Ringer* stand zuerst *Fechter*. (Schlegel a. a. O. S. 19) hatte dies oder *Kämpfer* vorgeschlagen, da die Kunst nie Fechter, Gladiatoren gebildet habe.

264. Wieland a. a. O. Cap. 10: *Sein Jupiter Olympius, das Bewundernswürdigste, was jemals Menschenhände geschaffen haben (wie Cicero aus dem Munde einer ganzen Welt sagt), erschien unter den Griechen wie eine auf einmal vor ihren Augen stehende Gottheit, durch nichts Vorgehendes angekündigt, durch nichts Folgendes erreicht — in einer Vollkommenheit, von der uns keine Beschreibung eines Pausanias, keine aus den Trümmern des zerstörten Altertums hervorgegrabene Bilder, nur den Schatten einer Vorstellung geben können.*

266—287 sind in allen Ausgaben seit der von 1803 zu einer Strophe verbunden, erst Gödeke hat jetzt den Absatz bei 274 wieder hergestellt. Die durch 266—273 unterbrochene Gedankenreihe setzt 274 ff. fort. Zwar ist der ganze Abschnitt 266—287 durch den Gedanken der Wechselwirkung von Kunst und Erkenntnis zusammengehalten, doch schneidet 274 scharf ab und knüpft über die vorangehenden acht Zeilen hinweg an 265 an — wol eine Spur ursprünglich unmittelbarer Aufeinanderfolge der nun wie durch eine Parenthese getrennten Strophen.

275. *Siegen.* Vgl. VI 260 (über Goethes Iphigenie): *Hier hat das Genie eines Dichters — — ein Gemälde entworfen, das mit dem entschiedensten Kunstsiege auch den weit schönern Sieg der Gesinnungen verbindet.*

276. *gezeitigt:* reif. V_2 313 (Don Carlos): *Der Christenheit gezeitigte Verwandlung.*

277. *ein künstlich All von Reizen:* ein künstlerisch-schönes Abbild des Universums.

280. Der Mensch macht sich zum Maass der Dinge, im Lichte seiner eigenen (geistigen) Natur werden sie ihm verständlich, sie empfangen ihr Gesetz von seinen ästhetischen Ideen oder Bedürfnissen. Auch hier wieder zeigt sich merkwürdige Verwandtschaft der poetischen Vorstellung mit Kants Lehre von der Bewustseinsbedingtheit aller Naturerkenntnis. Die menschlichen Maasse und Gewichte, mit denen die Natur gemessen und gewogen wird — von Viehoff unrichtig als wirkliches Maass und Gewicht gefasst — entsprechen den lediglich regulativen, orientirenden Principien der teleologischen Urteilskraft. Vgl. Stellen aus der Kritik der Urteilskraft (1790) wie folgende: *Die Zweckmässigkeit der Natur ist ein besonderer Begriff a priori, der lediglich in der reflectirenden Urteilskraft seinen Ursprung hat. Denn den Naturproducten kann man so etwas als Beziehung der Natur an ihnen auf Zwecke, nicht beilegen, sondern diesen Begriff nur brauchen, um über sie in Ansehung der Verknüpfung der Erscheinungen in ihr,*

die nach empirischen Gesetzen gegeben ist, zu reflectiren. Auch ist dieser *Begriff von der praktischen Zweckmässigkeit (der menschlichen Kunst oder auch der Sitten) ganz unterschieden, ob er zwar nach einer Analogie mit derselben gedacht wird (V 187).* — sie 280 und 281 Anfang: die Erscheinungswelt, 281 Ende: die schöpferische Natur.

282—283. Das Object macht der Dichter zum Subject, das Passive thätig; *in seiner Schönheit Pflichten* ist der personificirende Ausdruck für: nach den Gesetzen seiner Aesthetik aufgefasst. *Pflicht* = Gesetz, auch XI 55 (Ideal und Leben): *Nach dem Apfel greift sie und es bindet Ewig sie des Orcus Pflicht.* Vgl. 235—236.

286—287. Aus den eigenen Schönheitsideen schöpft er, was er von der Herrlichkeit des Weltalls rühmt.

288—315. Schlegel a. a. O. S. 20: *Hier, wenn irgendwo, gilt alles das, was ich vorhin von der Wahrheit-findenden Begeisterung behauptet.* — — *Wie ist besonders die beschliessende und vollendende Schilderung so gross gedacht, so rein und zart empfunden, und so ganz im hohen griechischen Stil ausgeführt! Wem fallen bei dem sanften Bogen der Notwendigkeit nicht sogleich die gelinden Geschosse des Apoll und der Diana ein, wodurch Homer einen schnellen und sanften Tod bezeichnet. Das vervollkommnete Schönheitsgefühl zaubert nach der Idee des Dichters das goldene Zeitalter wieder zurück, wo die Menschen, wie Hemsterhuys sagt, weil sie sich der gleichförmigen Fortschritte ihres Daseins bewusst waren, den Tod nicht scheuten und ihn auch nur als eine solche natürliche Entwickelung ihres Wesens betrachteten.*

288. *umlebet* vgl. *umgewunden* 62, *umstrickt* 140, *umschlungen* 198, *umfliesst* 308, *umfangen* 328, *umzogen* 330, *umschliesst* 398, 420, *umkreist* 412, *umleuchtet* 434, *umarmend* 472 und Gödekes Wortverzeichnis V_1 CXLVI ff. Die grosse Zahl mit *ver-, zu-, durch* zusammengesetzter Verba bei Schiller erklärt sich teils aus der Straffheit seiner Satzbildung, teils aus der energischen Lebendigkeit seines poetischen Stils, sofern diese Bildungen ermöglichen,

neutrale Verba transitiv zu gebrauchen, Zuständliches in Tätiges poetisch umzuschaffen. Composita mit *um* gebraucht auch Haller gern.

<blockquote>
Eine der glücklichsten Verwendungen dieses Kunstmittels zeigt der Vers des Spazierganges: *Seine Felder umruhn friedlich sein ländliches Dach* (XI 77 u. 85). Doch wäre ungerecht, nicht anzumerken, dass ein *umruhen* sich schon bei einem vorclassischen Dichter findet, dem trefflichen, leider vergessenen J. B. Michaelis (über ihn Gruppe, Leben und Werke deutscher Dichter, II 578—696). In seinem ersten poetischen Briefe heisst es von Opitz: *Ein Stein, — ein Wäldchen, — und sein Name, Ehrwürdigs Moos, Bewölbt mit einem Ahornhaine, Umruhte sanft die heiligen Gebeine Des Mannes der zuerst, den Grazien im Schooss, Kraft, deutsche Kraft, in deutschen Wohllaut goss!* Vgl. auch Goethe, Elpenor 1, 1: *Sie will, dass ihre Schütze, Die still verwahrt dem künftigen Geschlecht Entgegenruhten, heut sich zeigen.* — Auch dem Gewaltsamen der Bildung *umleben* lässt sich Goethesches an die Seite stellen: Künstlerlied (1816): *Soll des Lebens heitre Rose Frisch auf Malertafel stehn, Mit Geschwistern reich umgeben, Mit des Herbstes Frucht umlegt.*
</blockquote>

292. *selig*: glückselig, herrlich. Ebenso 316 und oft in der Iphigenie in Aulis, wo es das griechische ὄλβιος und μακάριος wiedergibt, z. B. VI 222: *Ich werde Griechenland errettet haben Und ewig selig wird mein Name strahlen* (κλέος μακάριον). Auch noch XI 345 (Hero und Leander, 1802): *Selige Leucothea.* — *Selige Vollendung*: Ruhe, Friede, Ueberwindung, Harmonie mit der Welt.

295—302. Im Lichte der ästhetischen Betrachtung verklären sich alle Erscheinungen und Erfahrungen des Lebens, nehmen Maass und Adel an, und auch der Wille wird von der Schönheitsidee ergriffen (*in stillverfeinerten Gefühlen*: durch Veredlung seines Empfindens). Bedeutsam wird diese ästhetische Sänftigung auf das Denken, die Speculation (296) ausgedehnt. — 297 ist ein Vorklang zu Strophe 15 und 16 von Ideal und Leben.

300. *Huldgöttinnen*. Ausdruck und Messung auch bei Wieland u. A. üblich; sogar *Göttinnen* mit dem Ton auf der zweiten Silbe VI 155 (Iphigenie): *zwischen drei Göttinnen einst der Schöne Preis entschieden*, ebd. 178: *Dort wars, wo zwischen drei Göttinnen Dein richterlicher Spruch entschied.*

308. *Wollust* im Sinne geistiger Lust hat die Sprache seitdem aufgegeben. — *hinschmelzend* s. zu 124. — 310 über caesurlose Alexandriner zu 106.

320. *dass der entjochte Mensch jetzt seine Pflichten denkt:* Entjochung, Erlösung vom Sinnenschlafe und Erwachen zu geistigem Leben und bewuster Sittlichkeit ist eines. Dieselbe Ausdrucksform 47: *ein zarter Sinn hat vor dem Laster sich gesträubt.* 184: *und Menschheit trat auf die entwölkte Stirn.* 258: *Was hier allein das trunkne Aug entzückt.* 373: *und prangend zog in die geschmückten Seelen Des Lichtes grosse Göttin ein.* Vgl. XI 90 (Spaziergang): *Hoch herauf bis zu mir trägt keines Windes Gefieder Den verlorenen Schall menschlicher Mühen und Lust.* XII 115 (Piccolomini): *Zur Schlachtbank reisst er seine Völker hin, Die ihm des Hungers und der Seuche Wut Im leichenvollen Lager langsam tödtet;* ebd. 143: *Den Fluss ableiten und den Felsen sprengen Und dem Gewerb die leichte Strasse bahnen;* ebd. 162: *Wie Scheidemünze geht von Hand zu Hand, Tauscht Stadt und Schloss den eilenden Besitzer;* ebd. 235 (Wallensteins Tod): *und ist kein Mark in dieser hohlen Kunst;* ebd. 270: *Das Ferne, Künftige beängstigt Ihr fürchtend Herz;* ebd. 283: *seh ich nicht, dass alles Lebensblut Aus euren geisterbleichen Wangen wich;* ebd. 488 (Maria Stuart): *Spärlich nährt es den dürftigen Mann;* XIII 251 (Jungfrau v. O.): *Den unbezwungnen Sinn hat nie ein Weib Gerührt bis ich die Wunderbare sah.* XIV (Wilhelm Tell): *kein Schein verführt sein sicheres Gefühl.* Goethe (Braut von Corinth): *Und der alten Götter bunt Gewimmel Hat sogleich das stille Haus geleert.*

Das Wesen dieser herkömmlich, doch wenig zutreffend Prolepse genannten Figur, welche Schiller mit Vorliebe und glücklicher Kühnheit den Alten nachgebildet hat, welche aber seit der classischen Zeit der dichterischen Sprache und ebenso auch dem unmittelbaren Verständnis mehr und mehr abhanden gekommen ist, beruht auf dem zu 134 berührten Neben- und Ineinander eines mehrfachen Ausdrucks, das den ganzen Gedanken in den Teilen seiner sprachlichen Form gegenwärtig erhält und aus der Natur poetischen Vorstellens sich leicht erklärt. Vor Schiller hatte sich schon Wieland dieser antik-poetischen Ausdrucksgemination bemächtigt. So Musarion I: *So bald im trocknen*

Becher Der Wein versiegt, ist kein Patroclus mehr, und ebd.: *Wenn ihm Musarion die spröde Thür verschloss* (vgl. Hero und Leander: *Aber ihnen schloss auf ewig Hecate den stummen Mund*).

325. *Freude* vgl. 284, 317, 324, 379. Der Begriff *Freude* war in der Sprache des 18. Jahrhunderts edler und gehaltvoller als gegenwärtig und etwa gleich: Hochgefühl, Gehobenheit, froher Geistesschwung (vgl. die Oden an die Freude von Uz, Hagedorn, Schiller). — Das Schöne mischt Heiterkeit in den Ernst sittlicher Lebensarbeit. Aehnlich Uz von der Weisheit: *die Freude schwingt um sie die güldnen Flügel* (die Wollust 5, 1). — *der Kelch* etc.: die Vernunft.

332. *Sternenbogen*: der Nachthimmel. VI 26 (Götter Griechenlands): *Traurig such' ich an dem Sternenbogen, Dich, Selene, find' ich dort nicht mehr*. Vgl. Bürger, Hohes Lied (1789): *Glorreich wie des Aethers Bogen* (= Himmelsgewölbe). — *bedienen*, von Luft und Sternhimmel gesagt, befremdet das gegenwärtige Sprachgefühl. Dass es dem älteren nicht anstössig war, mag die nicht unähnliche Verwendung des Wortes bei Brockes (irdisches Vergnügen in Gott, Frühlingsgedanken): *der Morgenlust sich zu bedienen* beweisen.

333. Ein optimistischer Zug geht durch die gesammte philosophirende Dichtung des Jahrhunderts. Gedanken der Leibnitzischen Theodicee, von der sie ausgegangen, hat sie bis zum Ende festgehalten. Vgl. mit 329—335 Posas Worte V2, 315. Uebertragung der Kunstidee auf das Weltall *(deus artifex mundi*, Cicero) ebendort und besonders in den philosophischen Briefen (1786). Schiller rechtfertigt diese Uebertragung im Brief an Körner 15. April 1788. Parallelisirung des Dichters mit dem Schöpfer auch in der zu 220 angezogenen Stelle der Dramaturgie.

336. *spiegelhell*: farblos, correspondirt mit *dürftig* (bedürftig) im Nachsatz. *munter*: lebhaft. Vgl. die von Gödeke V1 LXXVIII

gesammelten Stellen, welche über den Gebrauch dieses Wortes bei Schiller belehren.

341. Ihr stellt den Tod in heiterer Gestalt dar und täuscht so über seine Schrecknisse hinweg. Beziehung auf antike Bildwerke anzunehmen ist unnötig. *unerweicht* s. zu 105.

346. Lautmalende Anwendung der dumpfen Vocale.

348. *Vorwelt*: Vergangenheit bis zur Gegenwart. In diesem Bedeutungsumfang wurde das Wort regelmässig gebraucht, während es jetzt nur eine weit zurückliegende Vergangenheit bezeichnet, in seiner Geltung gleichsam zurückgeschoben ist *(vorweltlich)*.

Welt Zeitgenossenschaft, daher *Welt und Nachwelt* (z. B. V 77, XII 231). — Das über *Vorwelt* Bemerkte gilt auch für *Vorzeit*. Vgl. Stellen wie folgende: *Ich schliesse von allem dem, was ich um mich sehe auf das, was jene um sich gesehen haben müssen, von der Natur meiner Zeit auf die Natur meiner Vorzeit* (Lavater, physiogn. Fragen, Bd. III, in Grubers Ausgabe Wielands 45, 247). — Zusammensetzungen mit *Welt* waren in der zweiten Hälfte des Jahrhunderts beliebt, die wenigsten davon haben sich erhalten. Z. B. hat Schiller *Jugendwelt* (Weltjugend), *Folgewelt*, Goethe: *Vaterwelt*, *Umwelt*, Herder sogar *Zusammenwelt*.

340—350. Sechs Jahre später urteilt Sch. (X 305, über d. ästh. Erz.), dass die geschichtliche Erfahrung vielmehr einen regelmässigen Antagonismus schöner und sittlicher Cultur lehre: *In der Tat muss es Nachdenken erregen, dass man beinahe in jeder Epoche der Geschichte, wo die Künste blühen und der Geschmack regiert, die Menschheit gesunken findet, und auch nicht ein einziges Beispiel aufweisen kann, dass ein hoher Grad und eine grosse Allgemeinheit ästhetischer Cultur bei einem Volke mit politischer Freiheit und bürgerlicher Tugend, dass schöne Sitten mit guten Sitten, und Politur des Betragens mit Wahrheit desselben Hand in Hand gegangen wäre.*

351—382 nehmen nach den hymnisch-paraenetischen Zwischenstrophen den geschichtlichen Gedankengang wieder auf und schildern die abendländische Kunst- und Lebenserneuerung mit einem Ausblick auf die letzte Vollendung menschlicher Entwickelung. — die 351: die Menschheit, die Menschennatur. — 353: sie kam wieder zu sich. — 361 *zweimal:* Zeitalter der Humanität und Zeitalter des Humanismus. — 370: *Joniens* ist trotz Körners Einspruch dreisilbig gelassen worden. — 371 *die schönere Natur:* die schönere Menschenumgebung. So erscheint der Ausdruck in den zu 210 angeführten Schriften constant. Wieland a. a. O. Cap. 2: *schöne Werke der bildenden Kunst sind also immer ganz zuverlässig Siegel und Pfand schönerer Natur; nun machten die alten griechischen Künstler schönere Werke als die unsrigen, also waren die Griechen schönere Menschen, bessere Menschen, und das jetzige Menschengeschlecht ist sehr gesunken.* Die wiedergewonnene Anschauung hellenischen Menschentums erleuchtete die Geister und brachte humane öffentliche Institutionen. — 376 *über Sclaven:* die sie vordem gewesen waren. — 380 *gegeben:* das von euch gegebene. — 381 *in der Demut Hülle:* demutsvoll. Etwas anders 454 *in des Reizes Hülle.* — Zum Schluss der Strophe vgl. 323 und Klopstocks Ode Unsere Fürsten: *Uns macht Unsterblich des Genius Flug Und die Kühnheit des Entschlusses. Von des Lohns Verachtung entflammt.*

383. Aus Schillers Brief an Körner vom 9. Februar 1789 ist bekannt, dass der Gedanke der folgenden Strophen (383—424), Durchdringung wissenschaftlicher und ästhetischer Cultur, Auflösung des Intellectuellen in das Schöne, der Anregung Wielands zu danken ist. (Wieland hat damit Wesen und Streben der Zeit, innige Berührung von Philosophie und Kunst, treffend ausgesprochen und Schiller dessen eigene, später oft wiederkehrende, und reich ausgebildete Idee einer dreigliedrigen Entwickelung des Einzelnen wie der Gesammtheit des Menschengeschlechts wie im Voraus verraten. Schon 1793 drückt Sch. diese Idee in einer Randbemerkung zu Humboldts Manuscript: *Skizze der Griechen* (IX 401) wie folgt aus: *Sollte nicht von dem Fortschritt der menschlichen*

Cultur eben das gelten, was wir bei jeder Erfahrung zu bemerken Gelegenheit haben! Hier aber bemerkt man drei Momente. 1. Der Gegenstand steht ganz vor uns, aber verworren und in einander fliessend. 2. Wir trennen einzelne Merkmale und unterscheiden. Unsere Erkenntnis ist deutlich, aber vereinzelt und bornirt. 3. Wir verbinden das Getrennte, und das Ganze steht abermals vor uns, aber jetzt nicht mehr verworren, sondern von allen Seiten beleuchtet. In der ersten Periode waren die Griechen. In der zweiten stehen wir. Die dritte ist also noch zu hoffen, und dann wird man die Griechen auch nicht mehr zurück wünschen.) — Es ist ein verwandter Gedanke, wenn Uhland (Schriften II 200) die Aufgabe der neueren Dichtkunst dahin bestimmt, dass sie ihrerseits auch die bewusste Idee zur Schönheit läutere und ihr nur dann die Herrschaft einräume, wenn die Idee erst selbst zur poetischen geworden ist.

386. *Krone:* (Sieges-) Kranz. *Krone* und *Kranz* in Schillers Sprache nicht unterschieden. VI 206 (Iphig.): *Grüne Kronen in dem Haar*, ebd. 162: *Beide Flügel bindend schliesst der Telamone — — — Mit zwölf Schiffen dieses Zuges Krone.*

393. Wie Schiller hier die Künstler *des Frühlings erste Pflanze* nennt, preist sein Stammesgenosse Drollinger (über ihn s. W. Wackernagel, Kleine Schriften II 428 ff.) die Dichter als *der Weisheit erste Söhne* (Unsterblichkeit der Seele: *Und ihr, der Weisheit ersten Söhne, Geweihte Dichter! heilger Chor!*).

394. *Seelenbildende Natur*, in Prosa etwa: Culturgeschichte.
<small>Composita aus Substantiv und Adjectiv schreibt Schiller fast regelmässig mit grossen Anfangsbuchstaben, daher in Stellen wie XII 307 (Wallensteins Tod): *das Unglück braucht, Das Hoffnungslose keinen Schleier mehr,* die auf zahlreiche Analogien aus demselben Stück gestützte attributive Auffassung von *Hoffnungslose* von orthographischer Seite nicht beanstandet werden darf.</small>

404. *Wissenschaft:* Wissen. In diesem subjectiven Sinne, der zugleich der ältere ist, hat Sch. das Wort gewöhnlich.

409. Auch hier und ebenso 425 ist wie oben 260 der ursprüngliche, seit der Ausgabe von 1803 fehlende Absatz notwendig,

da 409—425 nach Form und Gedanken in sich geschlossen und gegen die vorangehende und die folgende Strophe deutlich abgesetzt sind. — *vergnüget*: befriedigt, ersättigt. XII 342 (Wallensteins Tod): *Ich bin vergnügt, verlange höher nicht Hinauf*. XI 385 (Graf von Habsburg): *Und er auf seines Knappen Tier Vergnüget noch weiter des Jagens Begier*, wo die Erklärer Unbekanntheit mit der Wortbedeutung verraten und — den Dichter tadeln. Vgl. Haller, Ursprung des Uebels II: *Wenn hier ein niedrer Sinn, mit Schweiss und Brot vergnügt Des Grossen Unterhalt im heissen Werk erpflügt*.

417. *die jetzt verstümmelt seine Schöpfung schänden*: deren Unvollständigkeit sein wissenschaftliches Weltbild entstellen. Ueber die Construction s. zu 60. *schänden* edler als gegenwärtig vgl. zu 17.

431. *des jüngsten Menschenalters*: des letzten Weltalters; *jüngste* für *letzte* ist erst in den letzten 100 Jahren aus dem Gebrauch gekommen und auf formelhafte Wendungen oder erhabenen Ausdruck beschränkt worden, daher Schillers Werke *des jüngsten Menschenalters* dem zeitgenössischen Ohre vielleicht minder gewählt klangen als uns und poetisch erst geworden sind. Vgl. Lessing, Dramaturgie Stück 13: *Sie knüff den Rock, der um ein weniges erhoben ward und gleich wieder sank*: das letzte Aufflattern eines verlöschenden Lichts, der jüngste Stral einer untergehenden Sonne.

437. *so schneller*: um so schneller. XII 479 (Maria Stuart) *Sie zählt auf euch, So minder wird sie Anstand nehmen, sich Den Schein der Gnade vor der Welt zu geben*. V₁ 183 (Don Carlos): *Durch gleichen Zwang erzürnt gehorchten sie Den Wallungen der Leidenschaft so dreister*. II 5 (Vorrede zu den Räubern): *so fruchtbarer meine Weltkenntnis wird, so ärmer wird mein Carricaturenregister*.

437—438. Vielbesprochene Verse, die sogar Emendationsversuche veranlasst haben. Der Sinn ist unzweifelhaft: Um so eher werdet ihr die Wahrheit erreichen, je mehr ihr der Schönheit nachgejagt habt. (Vgl. die analoge Paradoxie in Franklins: *Fly pleasures and they'll follow yon* und in dem Worte eines Alten: ἄνθρωποι τὸν θάνατον φεύγοντες διώκουσι.) Die Worte *je schöner er von ihr gefiohn* heissen in der Tat nichts anderes, als: je weiter er sich von ihr entfernt gehalten hat, indem *schön* einem verbreiteten Gebrauch der Zeit entsprechend, ohne näheren Inhalt, den Begriff, den es begleitet, lediglich verstärkt. Nur wird, weil an dieser Stelle die Flucht vor der Wahrheit, d. h. die künstlerische Unbekümmertheit um sie, ein Verweilen im Schönen ist, ein ähnliches Spiel mit der wortsinnmässigen Nebenvorstellung wie oben 265 vom Dichter beabsichtigt sein.

> Zuerst Wieland, dann Goethe und Schiller gebrauchen das Wort *schön* in überaus unprägnantem Sinn und zum Verwundern oft. Allein im Tasso erscheint es so neunzig Mal, in Wielands Musarion siebzig Mal, d. h. durchschnittlich einmal auf jeder Seite. Darunter sind Stellen, die einem *schön fliehen* = schnell, eifrig, gut fliehen nahe genug kommen. Ganz selten ist das Wort in dieser unspecifischen Verwendung in Nathan der Weise. Lessing bevorzugt vielmehr *gut*; statistisch-stilistische kleine Tatsachen, deren Zusammenhang mit Wichtigerem man nicht wird verkennen wollen.

441. *Seiner Jugend Gefährte*: der Gefährte des Jünglings, vgl. 284. Verkennung dieser bei Schiller zu allen Zeiten begegnenden Metonymie veranlasste Düntzer daran zu erinnern, Mentor sei nicht Telemachs Jugendfreund, vielmehr Freund des Odysseus gewesen. — Mit Recht bezieht Boxberger 440 auf den Schluss von Fénélons aventures de Télémaque: *à peine la déesse eut achevé ce discours qu'elle s'éleva dans les airs et s'enveloppa d'un nuage d'or et d'azur, ou elle disparut. Télémaque, soupirant, étonné, et hors de lui-même, se prosterna à terre, levant les mains au ciel, puis etc.*

445. Der Siebenfüssler: *Sie sinkt mit euch, mit euch wird die Gesunkene sich heben* ist in der Ausgabe von 1803 in den Fünffüssler *Sie sinkt mit euch, mit euch wird sie sich heben* **gekürzt** worden.

447. *einem weisen Weltenplane:* eben jenes 445 ausgesprochene Wachstum der Menschheit (Cultur).

450—451. Wirkungsvoll ist die feierlich gehobene Schlussparänese auch rhythmisch ruhig gehalten. Auf ein achtzeiliges Strophenglied mit der Reimbindung aabccddb folgen sechs vierzeilige, in Maass und Reim gleichartig, die beiden letzten jedoch zu einer zweiteiligen, symmetrischen Periode verbunden.

450. Das Participium in conditionalem Sinne.

460. Wieland (Musarion II): — — *der Seele Führer wird, sie in die Wolken hebt* — — *Sie stufenweis durch die gestirnten Pfade Bis in den Schooss des höchsten Schönen trägt.* — Schöne = Schönheit, wie öfter in diesem Gedicht und überhaupt in den früheren Dichtungen Schillers. Vgl. Goethe, Faust, Prolog im Himmel: *Erfreut euch der lebendig reichen Schöne.*

> Substantiva wie *Schöne*, an welchen unsere alte Sprache reich war — noch Luther hat z. B. *die Müde* = Müdigkeit —, wurden von Herder, Schiller, Goethe teils wieder hervorgezogen und erneut, teils auch neugebildet. So finden sich bei Herder u. a.: die *Wilde, Schlanke, Rege, Sieche, Späte,* bei Goethe: *Freche, Heitre,* bei Schiller: *Jähe, Helle, Schnelle.*

464—465. *trefflich und vollkommen:* gut und wahr. — Die Verse sind wie eine ferne Ankündigung der absoluten Kunst der Romantiker. — Wie hier das Schöne, wird VI 224 (Iphig.) das Notwendige mit dem Guten identificirt: *Was einmal sein muss, muss vortrefflich sein,* doch kommt an letzterer Stelle der Gedanke auf Rechnung der Uebersetzung, da das Original ihn anders gibt: $\dot{\epsilon}\xi\epsilon\lambda o\gamma\acute{\iota}\sigma\omega$ $\tau\grave{\alpha}$ $\chi\rho\eta\sigma\tau\grave{\alpha}$ $\tau\grave{\alpha}\nu\alpha\gamma\varkappa\alpha\tilde{\iota}\acute{\alpha}$ $\tau\epsilon$.

> Die Formverwandtschaft der beiden Stellen gewinnt vielleicht an Interesse durch die Erinnerung an eine ähnliche Beziehung zwischen

Uebersetzerwort und Dichterwort. Euripides Iph. A. 923: ἔστιν μὲν οὖν ἡδὺ μὴ λίαν φρονεῖν, gibt Sch. (VI 220) wieder: *Es kommen Fälle vor im Menschenleben, wo's Weisheit ist, nicht allzu weise sein.* Der Wallenstein des Dichters beginnt (XII 247) seine Rede wie einst der Achilles des Uebersetzers, nur ist der Vers des ersteren edler, flüssiger und wolklingender geworden.

468—469 von Schlegel (S. 23) hinnreissend schön genannt. Mit grosser Tiefe und Fülle des Gedankens paare sich in ihnen die heiterste Anmut des Bildes.

474. Newtons Farbentheorie auch in den philosophischen Briefen (IV 50). Dort wird das Verhältnis von Gott und Natur daran veranschaulicht, wie hier das von Wahrheit und Kunst. — In den Versen 474—481 sind lautmalend ausschliesslich helle Vocale und vorwiegend der hellste, i, verwendet. (Vgl. die erste Strophe von Goethes Zueignung.)

Die Diction, schliesst Schlegel seine Besprechung der Künstler, *ist völlig harmonisch mit dem Gegenstande. Ueberall weht der milde Hauch jenes Kunstgefühles, das der Sänger preist, und zaubert dem Gedanken gemässigte sanfte Formen an. Ueberall herrscht ein stiller hoher Geist, der sich seiner Stärke, die Seelen zu erschüttern, freiwillig begab oder auch, in süsser Vertraulichkeit mit allen Göttern des Schönen, auf eine Zeit lang sie vergass.*

Excurs I. (Zu S. 19.)

Der in Schillers Künstlern vorliegende Gebrauch der Wörter *Kunst* und *Künstler*, wonach das gesammte Gebiet ästhetischer Production damit bezeichnet und gegen theoretische Wissenschaft einerseits, Handwerkstechnik andererseits abgegrenzt wird, tritt erst in der zweiten Hälfte des vorigen Jahrhunderts, dem Zeitalter kunstwissenschaftlichen Reflectirens und ästhetischer Systembildungen häufiger auf und insbesondere die Subsumtion des Dichters unter das Genus Künstler möchte sich vor Goethe und Schiller nur sporadisch nachweisen lassen, da man in der Regel unter Künstler (Artist) den Bildhauer, dann den Maler, verstand, auch auf nicht rein ästhetischem Felde z. B. den Goldschmied. So bei Lessing, Wieland, Winckelmann, Sulzer, Mendelssohn u. A. So ist auch in Goethes: Künstlers Morgenlied, K's. Abendlied, Kenner und Künstler, K's. Erdenwallen u. s. w. der bildende Künstler gemeint. In einem von Gödeke mit Wahrscheinlichkeit Schiller zugeschriebenen, für den fraglichen Wortgebrauch in jedem Fall lehrreichen Gedicht heisst es (I 51): *Lass Maler, deinen Pinsel liegen. Lass, Künstler, lass uns das Vergnügen. Dein Meissel ist darzu zu klein.* Ebenso ist Künstler = Bildhauer V_2 305 (Don Carlos): *Ich aber soll zum Meissel mich erniedern, Wo ich der Künstler konnte sein*, wogegen es z. B. X 541 (Bildungsstufen) den dramatischen Dichter bezeichnet: *Im Schauspielhause geben sich die letztern* (die Meister und Kenner) *dem Künstler und seinem Werk bereitwillig hin.* Vgl. Goethe, Tasso I, 2: *Und wenn die Nachwelt mitgeniessen soll, So muss des Künstlers Mitwelt sich vergessen.* I, 3: *die Menge macht den Künstler irr und scheu.* Schiller, der *Kunst* in vorstehender Dichtung ästhetisch und generell fasst, gebraucht es in seinen späteren Abhandlungen gern im weitesten Sinne des Gegensatzes zu Natur, so dass technische wie ästhetische Künste, Cultur und Convention darunter fallen. Häufig erscheint der spät gewonnene ästhetisch-allgemeine Kunst- und Künstlerbegriff im Goethe-Schiller-Briefwechsel. Der allgemeinen Auffassung und Sprache, (welche Kunsttätigkeit nur an sichtbarem Stoffe kennen,) ist er niemals geläufig geworden und es trifft auch für andere Sprachen zu, was Mill (Rectoratsrede) von der englischen sagt: *Die Poesie, die Königin der Künste, obgleich in Grossbritannien unter diesem Namen nicht begriffen,* und vorher: *Erst seit Kurzem und hauptsächlich auch nur in oberflächlicher Nachahmung des Fremden, haben wir einen Anfang gemacht, das Wort Kunst für sich zu gebrauchen und von Kunst zu sprechen, wie wir von Wissenschaft, Staat und Religion sprechen. Wir pflegten sonst von den Künsten zu sprechen oder genauer von den schönen Künsten, und selbst unter diesen wurden insgemein nur zwei Formen von Kunst verstanden, Malerei und Sculptur.* — Poesie nebst Beredsamkeit nannte man in vorclassischer Zeit *schöne Wissenschaften* und unterschied davon die *schönen Künste*, d. h. ausser den bildenden Künsten auch Musik (so z. B. Mendelssohn), versuchte aber, und nicht in Deutschland allein, den systematischen Platz der Dichtkunst auch anders zu bestimmen, wie auch aus den von Goethe aus dem Englischen (Lorenz Sternes) übersetzten Stücken (Goethes Sprüche in Prosa, ed. Löper, besonders Nr. 506 und 507) hervorgeht, wonach Poesie weder Wissenschaft noch Kunst sein soll, sondern: Genius, weil man Künste und Wissenschaften durch Lernen erreiche, Poesie nicht, welche vielmehr Eingebung sei, in der Seele empfangen, als sie sich zuerst regte (dass so zu übersetzen, nicht mit Goethe: durch Denken, weist Löper in Gosches Archiv für Literaturgeschichte II 525 nach). — Auch die Adjectivbildung *künstlerisch*, deren generelle Anwendung üblicher ist als die des Substantivs, scheint von *Künstler* im Sinne des Bildners abgeleitet. In Wielands Aufsatz über die Ideale der griechischen Künstler (Werke 24, 201) —

aus welchem, wie oben gezeigt, einzelne Züge in Schillers Künstler übergegangen sind — heisst es: — — *so werden wir finden, dass jener Name, in seiner edelsten und eigentlichsten Bedeutung nur den Bildnern idealischer Wesen und auch unter diesen nur denjenigen mit Recht zukomme, welche aus dem höchsten Grade künstlerischer Begeisterung, aus der angestrengtesten Bestrebung sich über die schönste und erhabenste sichtbare Natur empor zu schwingen, entstanden.* (In dem Grimmschen Wörterbuch ist diese Stelle übersehen und für das erste Vorkommen des so merkwürdig jungen Wortes vielmehr Goethes italienische Reise citirt.)

Excurs II. (Zu S. 22.)

Da in den bezeichneten Genitivfügungen ein nicht unbeträchtlicher Teil Schillerscher Metaphorik enthalten ist, der Erkenntnis seines Stiles aber genauere Einsicht in Maass, Art und Grad seiner Bildlichkeit nur förderlich sein kann, so wird hier eine annähernd vollständige Zusammenstellung solcher Genitive aus den versificirten Tragödien eine Stelle finden dürfen. Don Carlos: *eines freudenlosen Ehestands tyrannische Galeere — den giftigen Schierlingstrank des Pfaffentums — unsrer Seelen zartes Saitenspiel — die gerechte Rüstung der Gesetze — die Pest der Ketzerei — an dieser Wonne lügenhaften Spiegel den trüben Atem der Vernichtung hauchen — der Wollust Pfeil — die feste Schlinge des heiligen Instincts — der Etiquette banger Scheidewand — das Labyrinth der Etiquette — dieses Zweifels felsenfeste Rinde — ihres Eides spröde Ketten — der Jugend Rosenbahn — des Lebens Traum — des Gerüchtes donnernde Posaune — den halbverwesten Leichnam ihrer Liebe — dem weichen Kissen unsrer Siege — dem Samenkorn des Glaubens — die reiche Erndte der Missetat — der Liebe volle strahlende Verklärung — der Schönheit hohe himmlische Magie — dem erhabnen Schreckbild dieser Tugend — die kluge Schranke der Majestät — aus der Seele mütterlichem Boden — des Anstands schulmässige Berechnung — in des Gewissens richterlicher Wage — der Ehe heilge Bande — den Gürtel seiner Ehre — des Ruhmes Unding — meines Lebens schmales Bette — im dunkeln Schutt des Irrtums — um der Hoheit Sonnenscheibe — in des Gedankens stiller Wiege — der Weihrauch der Schmeichelei und Unterwerfung — vor dem Gespenste ihrer innern Grösse — im Marterfeuer widerstrebender Gefühle — dem Rade des Weltverhängnisses — des langen Schlummers Bande — das Gift der lüsternen Begierde — das Siegel meiner königlichen Gunst — die Hülle der Dunkelheit — den Donner seiner Rache — des Zufalls schweres Steuer — dem tödtenden Insect gerühmter besserer*

Vernunft — der Hoffnung goldnen Strahl — ein schneller Lenz der wundertätigen Liebe — Eures Lobes Glockenspiel — Eurer Bewunderung Maschinenwerke — Der Freundschaft arme Flamme — das Gebäude Ihrer Ueberzeugung. — Wallenstein: des Aufruhrs Feuerglocke — den Kranz des kriegerischen Lebens — seiner Grossmut Quelle — im grossen Strom der Menge — die alte, breitgetretne Fahrstrasse der gemeinen Pflicht — der Zukunft dunkles Land — im warmen Sommer unsrer Kraft — das Spiel des Lebens — der Liebe Kranz — des Glückes Markt — dem Gaukelbild der königlichen Hoffnung — des Geschicks geheimnisvolle Urne — des Lebens Freude — deines Glückes Schiff — die sichre Hütte ihres Glücks — die Schlüssel weiser Vorsicht — ins neue Weltmeer deiner Hoffnung — der Gebräuche tiefgetretne Spur — auf schwankem Seil des Lebens — des Krieges Flamme — des Daseins schmaler Boden — die Last der Welt — das herzerstickende Band des Schmerzes — des Lebens flach alltägliche Gestalten. — Maria Stuart: die Fackel des Bürgerkrieges — den Schein des Geheimnisses — des Lebens schönen Tag — (delusion's mist) — der alten Zwietracht unglückselge Glut — das teur erworbne Licht der Wahrheit — des Urteils wandelbare Woge — in der Feste ewger Trunkenheit — vom Strome des Verderbens — in der Sonne deiner Gunst — dem Götzen ihrer Eitelkeit — der Empörung Flamme — des Sacramentes heilge Himmelsspeise — auf dieser Folter der Erwartung. — Jungfrau von Orleans: deines Leibes Blume — alle Bande des Gehorsams — der Blicke Schlingen — das Licht des Lebens — des Krieges Feuerbrand — der Städte friedlich Heiligtum — des Lebens süsse Beute — deiner Rede Schlingen — am guten Harnisch meines Busens — des Zornes Donnerwolken — die goldne Sonne des Gefühls — dem tollen Ross des Aberwitzes — der Tränen schuldgen Zoll — seines Stolzes Saaten — die hohe Flut des Reichtums — die schöne Blume des Siegs. — Braut von Messina: Grauenvoller Flüche schrecklichen Samen — des Lebens Welle — der Liebe goldne Frucht — den bittern Pfeil des raschen Worts — der Liebe Strahl — den blutgen

Mantel der Schuld — *den Schleier jungfräulicher Zucht* — *auf den Seraphsflügeln des Gesangs* — *der aufgeschlossnen Blume des Gefühls* — *in den aufgehäuften Feuerzunder des alten Hasses* — *der Eifersucht feindselge Flamme* — *von dem Berg der aufgewälzten Jahre* — *das aufgelöste Spiel des unverständlich krummgewundnen Lebens* — *scheuer Zweifel wogende Bewegung* — *vom ehrnen Harnisch eurer Brust* — *die Kette des Geschicks* — *zu echter Tugend reinem Diamant* — *eures Streits entschlafne Furien* — *der Tränen traurig Recht* — *eines Schwures leichtem Pfand* — *den erloschnen Funken eures Streits.* — Wilhelm Tell: *der Freiheit kostbarn Edelstein* — *die echte Perle deines Wortes* — *der Liebe Seil* — *aus der erloschnen Sonne deines Blicks* — *mit dem Stachel meiner Worte* — *dann mag der Strom der wildbewegten Welt das sichre Ufer dieser Berge schlagen* — *die Quelle unsres Glücks* — *die Milch der frommen Denkart.* — Aus den Gedichten und selbst den prosaischen Schriften würde diese Bildersammlung sich reichlich vermehren lassen. Dass in der Häufigkeit des in Rede stehenden Gebrauchs (am grössten in Carlos, am geringsten in Tell) individueller Stil anzuerkennen ist, lehrt augenscheinlich ein Vergleich mit Andern. So erscheint ein Genitiv bei der Metapher in Lessings Nathan nur ein einziges Mal — eben in der Wendung: *des Lebens öder Strand*, welche den Anlass zu diesem Excurse bot. (Was diesen Vergleich selbst betrifft, so wird es näher liegen, als mit Götzinger auf platonische und indische Mythen zurückzugreifen, an die Nähe des Zeitalters der Robinsonaden, als solche Vorstellung begünstigend, zu erinnern. Mehrfach klingt das Motiv in der Poesie der Zeit an.)

Excurs III. (Zu S. 27.)

Mehr als ein halbes Jahrhundert hindurch haben solche beziehungslose und lediglich emphatische Comparative in unserer Poesiesprache geherrscht, um dann völlig daraus zu verschwinden. Eine nähere Besprechung scheint der seltsame Gebrauch noch nirgends gefunden zu haben, dagegen selbst von Kennern der Sprache unserer classischen Dichtung nicht bemerkt worden zu sein. So fragt Viehoff (Schiller-Commentar III 56 der 4. Aufl.) bei den Worten des Spazierganges: *Aber wer raubt mir auf einmal den lieblichen Anblick? Ein fremder Geist verbreitet sich schnell über die fremdere Flur* (XI 85), warum dem Dichter die Flur fremder heisse als der Geist u. s. w.; *fremder* heisst aber hier nichts anderes als *völlig fremd*, wie ebenso im Genius (XI 69): *Nur in dem stilleren Selbst hört es der horchende Geist* der Comparativ diese verstärkende Function hat. Desgl. in letzterem Gedicht kurz vorher: *der menschlichen Brust freiere Wellen*. Goethe (Elegie: Hermann und Dorothea): *Deutschen selber führ ich euch zu in die stillere Wohnung* und oft in Hermann und Dorothea. A. W. v. Schlegel (die Kunst der Griechen): *Kämpfend verwirrt sich die Welt und neue Verhängnisse stürmen Dir kunstheyendes Land, Hellas geliebteres Kind, Dunkel heran.* Eingeführt hat diese unrelativen Comparative mit schwacher Anlehnung an Antikes (Hom. und Hesiod.: θηλύτεραι γυναῖκες) und ohne Begründung in deutschem Sprachgefühl Klopstock, um Partikeln zu sparen und Dactylen zu gewinnen. Seine Oden sind übervoll davon (Eislauf v. 5: *Wer nannte dir den kühneren Mann*, v. 15: *leichteres Schwungs fliegt er hin, kreiset umher, schöner zu sehn;* Unsere Sprache v. 9: *die Skuldas mächtigerer Stab Errettete*, v. 25: *Sanfteres Getön, wie Wehn in dem tieferen Wald, ist ihr Schwung*, v. 29: *o freiere, dich Wagte der Geschreckten Fessel nicht Zu fesseln;* Der Zürchersee v. 57: *Dann ihr sanfteres Herz bilden und, Liebe, dich — — giessen ins sanfte Herz*: Die Verwandlung v. 2: *Sie, des Gesetzes Mutter, das weiser ist, Zu der Wohlfahrt stimmender, menschlicher ist*) und bei den meisten Zeitgenossen begegnet man ihnen. Die spätesten Beispiele finden sich, wie es scheint, in der 1836 veröffentlichten hexametrischen Gudrundichtung (deren Verfasser bekanntlich Gervinus ist), welche auch darin die Stilweise von Hermann und Dorothea reproducirt (v. 84: *Wehe, so hat der Tag uns neu das Leben verheissen Und uns grausam dann dem gewisseren Tode geopfert*, 145: *Unverweilt! ihr möchtet es sonst noch empfindlicher büssen*, 151: *Hurtig demnach ans Werk mit dem leichteren Fusse gewundert*). — Ein lehrreicher Zufall fügt es, dass sich der Comparativ *fremder* wie im Spaziergang so auch in einem mit diesem zeit-, stoff- und stimmungsverwandten Gedichte Knebels: „Die Wälder" findet (Aus K's. Nachlass I 22): *Aber was klag ich euch an? was klag ich die fremdere Schuld an? Wurzelte tief nicht der Baum unsres Verderbens bei uns*, wo ein Zweifel an der Absicht des Comparativs nicht möglich ist. So auch im Anfang dieses Gedichtes: *Loben Andre sich doch das reiche Leben in Städten Und der Menge Gewühl und den besuchteren Park: Nimmer ermüd' ich das Lob der stilleren Täler zu singen Und den einsamen Gang und das beschattete Moos.* — Ob hierher auch Goethe, Tasso IV 2 die Worte Antonios gehören: *Es wäre zu verwundern, wenn die Zauberkraft Der Dichtung nicht bekannter wäre?*